硅谷创投课

互联网时代淘金指南

[美] 加里·维纳查克（Gary Vaynerchuk）著 林怡 译

北京联合出版公司
Beijing United Publishing Co.,Ltd.

图书在版编目（CIP）数据

硅谷创投课：互联网时代淘金指南 /（美）加里·
维纳查克 (Gary Vaynerchuk) 著；林怡译. —— 北京：
北京联合出版公司, 2017.5
　　ISBN 978-7-5596-0381-4

　　Ⅰ.①硅… Ⅱ.①加… ②林… Ⅲ.①互联网络 – 应
用 – 创业投资 – 指南 Ⅳ.①F830.59–39
　　中国版本图书馆CIP数据核字（2017）第093253号

著作权合同登记号 图字：01-2017-1752

硅谷创投课：互联网时代淘金指南

作　　者：（美）加里·维纳查克 (Gary Vaynerchuk)

　　　　　林　怡 译

总 发 行：北京时代华语国际传媒股份有限公司

责任编辑：杨　青　徐秀琴

责任校对：赵　蕾

封面设计：红杉林文化

版式设计：姜　楠

————————————————————————————————————

北京联合出版公司出版

（北京市西城区德外大街83号楼9层　100088）

北京中科印刷有限公司　　新华书店经销

字数180千字　　690毫米×980毫米　1/16　　15印张

2017年6月第1版　　2017年6月第1次印刷

ISBN：978-7-5596-0381-4

定价：52.00元

————————————————————————————————————

致　谢

如果没有家人的支持，我不可能有今天的成就。我的心属于我的妻子丽琦和两个孩子——米沙和桑德。我也要一如既往地向其他亲人表示深深的感谢：我的父母——塔玛拉和萨沙；我的姐姐丽兹和她的好丈夫詹斯汀，以及他们的孩子——汉娜和马克斯；我的弟弟 AJ 和弟妹阿莉；我的祖父埃斯特，我了不起的大舅子亚历山大，还有他太太桑迪，他们的孩子扎克和迪兰；以及我的岳父母——安妮·克莱恩和彼得·克莱恩。

同样深深地感谢我的团队，它的名字叫"兴奋剂之家"，其中包括：史蒂夫·安文、扎克·莫伊、戴维·洛克、英蒂亚·奇尔斯、埃里克森·德·西蒙、安迪·克莱纳、安德鲁·克里夫、斯坦普·劳伦斯、布里泰·霍夫曼、西达斯·阿斯特和丽贝卡·怀特。

我还要感谢哈普出版社的合作伙伴们，尤其是霍里斯·海姆博奇，他说这是我写过的最棒的一本书。感谢你们的长期支持，让我能够做到我应该做的事。

最后，再次感谢这本书的记录者：斯蒂芬妮·兰德，她是除了我的父兄之外，我最亲密的生意伙伴。我简直不相信这是我的第四本书了呢！

介 绍

2006 年 2 月 21 日，世界上第一个葡萄酒视频播客在 YouTube 频道开通的时候，既没有粉丝，也没有宣传造势。视频开始的时候，一个穿着蓝色上衣的家伙——这上衣也可能是黑色的，灯光不好，叫人分不清，坐在一面空荡荡的米色墙壁前。他面前有一张桌子，上面放着三瓶葡萄酒和一个深色的小桶，看起来像是养盆栽用的。在昏暗的荧光灯下，他的皮肤是蜡黄色的，几乎看不清面容。但是他满面灿烂的笑容。他直视着口袋摄像机的镜头，对着并不存在的观众开口了，声音低沉而严肃，但颇为友善："大家好，欢迎收看'葡萄酒图书馆电视'的第一集，我是加里·维纳查克。"那回声是如此明显，仿佛他是在一个洞穴里拍摄视频似的。

随着时间推移，这个节目变得活泼而有趣。主持人开始让自己的强烈个性绽放光彩。他穿着纽约喷射机队的上衣，把葡萄酒和幸运符搭配起来，还用精彩而通俗的语言描述酒香的特征。他说有些酒香像葡萄味的傻瓜糖，有些像死鹿和樱桃混合的气味。

在第一集后，这个节目又播放了 999 集。在 2011 年 3 月 14 日，他宣布节目结束。

不过，还不算真正结束呢。就在同一天，他开始了"葡萄日报"，那可谓是移动时代的"葡萄酒图书馆电视"2.0 版本。这个节目播放了 89 集以后，他觉得在这方面真的功德圆满了。他热爱葡萄酒，不过他首先是个企业家，有许多事等着他去做呢。

毫无疑问，这个故事中的人物就是我。那时候，我真的认为每日视频播客永远结束了。我还可以偶尔接受采访，或者制作短期视频（看过我的《周一早晨的动力》吗？），但大型节目就不必了。只有一个问题我没有考虑到：你们，维纳团的成员们。我想念你们！我想念每天和你们聊天的日子。我是说，如果我愿意，我当然可以随时在推特、Instagram 或脸书上和你们聊，但是视频能激发不一样的能量，产生其他平台无法复制的愿望和活力。我曾经有这样的感觉，在每一次四十五分钟的谈话视频中，我最喜欢的部分就是最后十五分钟的问答环节。那时，我就应该想到，我的世界里缺少了一些东西。说实话，有一次我还认真地考虑过，以后就把整个视频都做成问答模式。

同时，我收到的邮件源源不绝。虽然我出版了三本书，发布了几百个视频，人们对于"如何成功应用社交媒体"还是有话要问，关于新的平台、过时的类似机构，问怎样创立自己的品牌，问怎样用本地的方式进行营销，甚至问我怎么工作的。我有许多内容要分享，好帮助他们，但是我在维纳媒体公司和其他方面事务缠身，于是便爱莫能助了。

后来 DRock 给我写了邮件。DRock 就是戴维·洛克，他想拍一部关于我的短片。关于他怎样打动我的过程，稍后在这本书中会提到。这个过程很精彩，这是一个让自己的专业水平提高一个层次的经典案例。他跟了我一天，拍了一部了不起的短片，其中浓缩了我所有的商业理念和企业家精神。它的名字叫"云和尘"。我很喜欢和戴维·洛克合作，于是我雇用了他，全职为我制作视频。

那时我看了看身边的情况，发现把他招揽进来之后，恰好形成了一个完美的制作团队——戴维负责视频，史蒂夫·安文负责原稿（这个工作后来由英蒂亚·奇尔斯分担了），扎克·莫伊负责设计。有一次我心血来潮，我把他们拉到一边，宣布我要制作一个视频，叫他们帮忙。

于是，在 2014 年 7 月 31 日，在一个拥有三万用户的 YouTube 频道，一个商务问答视频播客开通了，这是世界上最早的同类播客之一。视频开始的时候，一个穿着蓝条纹高尔夫上衣的人对着镜头微笑："大家好，欢迎收看《听听加里怎么说》。"第 1 集播出的时候，几乎和当年的葡萄酒视频一样低调。但是到了第 2 集，灯光和音响效果达到了专业级别，主持人带来了满满的能量和直击眼球的内容。开始的时候，他面前有一张光亮的浅色木桌，他一边把一些乱七八糟的丑物件、纽约喷射机队的装备和 20 世纪 80 年代的玩具收藏品摆在上面，一边回答观众的问题。这些问题涉及媒体、营销、创立品牌等等。一直有观众问问题，他也一直回答问题，于是该频道的订阅量猛增，最后导致这个附属的播客订阅量也直线上升。

起初，我觉得这个播客隔三岔五发布一个视频就好。但是，这就像骑自行车——我拍完第 1 集之后，就想接着往下拍。我们也真的就这样做了。（戴维、史蒂夫和扎克不知道他们摊上了怎样一件事。）当然，这是一个挑战。
与 2006 年我创办"葡萄酒图书馆电视"的时候相比，世界更加机动、更加智
能化了。即使和 2011 年"葡萄日报"收官的时候相比，吸引眼球的竞争也更
激烈了。这意味着我必须做得更好。我觉得我确实做得更好，因为我利用了
这五年的经验。我又多花了五年来观察技术的进步和倒退、体验各个平台、
为客户提建议，以及和人们谈论他们的梦想和目标。

　　"听听加里怎么说"节目最吸引我的一个方面是：在这个平台，我谈论
的不是自己关注的东西，而是你们关注的东西。你们、观众、企业家、经理，
有梦想的人，是这个节目的灵感来源，正如葡萄酒是"葡萄酒图书馆电视"
和"葡萄日报"的灵感来源一样。而且，就像我一直有新葡萄酒可以品尝一样，
我每天都有关于商业的新内容可以讨论。这个话题是不断发展进步的。

　　这个节目让我喜欢的另一个特点是：在结尾部分，我有办法把自己讲话
中最满意的部分加以拓展。你可能没见过我在舞台上的表演，我在视频中模
仿年轻时候崇拜的喜剧演员，比如艾迪·墨菲、克里斯·洛克和理查德·普
莱尔。我的语言是逗趣而煽情的。这些喜剧演员就算是悲伤的时候，也可能
把人逗乐。他们也可能促使人们思考。我最喜欢问答环节，是因为那段时间
人们会认识到，我不是一个有些鬼点子的、机灵的演讲者，而是一个办法层
出不穷的、踏实的行家。有些人对我抱着怀疑态度，我见过他们的表情几乎
瞬间从嘲讽变成了仰慕和尊敬，因为他们感觉到我无所不知——是无所不知
呢！我不逃避问题，也不炒冷饭，而是尽全力给他们详细的、高明的答案，
他们可以马上利用起来。

　　有了"听听加里怎么说"，我每天都可以这样帮助别人。我爱那些因为
这个节目聚集在一起的人们。他们已经成为我生命中不可或缺的一部分，我
因此感到欣喜。这个节目把范纳媒体公司的新的特色展现在世界面前，我因
此感到高兴。我们的小小团队成就了现代营销的极致，我们的理念是诱导人
们，然后让他们满意，我们是这个理念的终极实践者，这也让我感到欣慰。

　　人们问我的问题，大部分是关于如何创业、创立个人品牌、运用社交媒
体和分析社交平台。还有一些问题是问如何管理、如何雇用和解雇员工、公
众场合的演讲技巧、以及家庭和生意之间的取舍之道。此外，还有人问及纽
约喷射机队、数字时代的育儿经、我对传统教育观念的看法和我犯过的最大
错误。我按照自己的理解回答，而我的视野比几年前开阔了，这也让我的答

案更加到位。一直以来，我都知道如何平衡理念和实践，现在我有了运营两家公司的实际经验——其中还有一家是从零开始的，我就更了解什么是不切实际的观点，以及如何更好地创立一种公司文化、提升职业水平，或是如何在一个看起来每天都成倍增长的公司里应对客户。

大家对这些内容很感兴趣，尤其是出生于 2000 年以后的群体，这让我颇为惊异。我们和年轻观众的接触越来越多。在这个过程中，我进一步感觉到教育系统存在漏洞，其中对企业家精神和创新精神的培养是缺失的，在大学层面尤其严重。年轻人需要的不是理论，而是实践和策略性信息，以及能够马上运用的知识——即现实的建议，他们可以马上采纳，并从中感觉到商业和文化界的变化趋势。

有些人采纳了我在节目中的建议，效果不错，于是给我写信致意。我想这个节目最大的价值莫过于此。从另一方面说，这个节目流行之后，我便有机会认识到这么一些人，他们说自己了解奋斗、投入、商业拓展、诱导术、适时行动和如何分辨事务孰轻孰重，但实际却不是这样。有一次我坐车去费城，路上想看看收看节目最多的用户账号。我看了十五个用户的信息，其中有十四个从收看节目以来，在经商或交流方面没半点改进。那他们几乎每天都看节目，得到了什么？或许，只是一种鼓舞和动力，让他们不断尝试吧。或许，这种情况也意味着有些人没有发表评论或提问题，所以我不知道他们，这些潜水的人一言不发，真够让我懊恼的……或许，其中有人在读这本书吧……这些人看到我的想法、呐喊和建议，或许会帮助他看到通往成功的路径吧。在 63 集，网友 @bluearcherpgh 问我，如果我在大学或高中开设一门课程，要怎么取名字。其实我现在就在授课呢。您不妨考虑参加"听听加里怎么说"，这是我的市场营销硕士课程。它和学校教学的区别在于，我不会要求你照本全收，我要你马上付诸实践。

那么，我为什么要在节目和播客都还流行的时候，动手写这本书呢？我们每集都涉及很多方面的内容，这些内容与日俱增，于是我便想到，如果把我们讨论的信息和观点都编汇到一个随手可得的集子里，大家便可以获得一幅完整的蓝图，知道我和其他成功企业家是如何把事业做得风生水起了。这件事让我振奋，也向大家提供了一些有价值的东西，所以写书是有意义的。此外，还有一些其他的原因：

1. 在写这本书之前，我们已经在 YouTube 上播放了 157 集。每集的时间是 12 到 25 分钟，如果你从未看过这个节目的话，就要花几十个小时赶上进度。我认为你应该是忙碌的，如果你确实也这么忙的话，就会匀不出这些时间。如果你看过全部的视频，来一个简单的回顾也不错，除非你是少数熟知这些技巧的人之中的一个。现在，你手里就是这么一个方便阅读的汇编集，里面是几十个小时的信息量，但你可以在一次飞机航程中把它读完。

2. 这个世界变化快。在技术和媒体领域，有些东西过了半年就可能不管用了。通过写这本书，我可以更新我的答案。在很多情况下，虽然我仍然支持当时的答案，但节目播出之后，我对某些问题又思考得更加深入了。我借着写书的机会拓展对这些问题的想法，或者根据市场变化进行调整。

3. 我之前的几本书较少涉及实用的营销策略和战术，也较少叙述社交媒体的发展进步。而这本书囊括了社交媒体平台和技术的所有最新信息，还讲述了编写有吸引力的营销内容的技巧。但是，它也有更大的深度和广度，不仅阐述了我在企业家和营销者生涯中学习的知识，也揭示了我作为领导者、经理和家庭成员的感悟。我希望这本书能成为动力、灵感、策略和实用信息的完美融合体。

4. 这本书中还有一些最新问题和答案，它们都是从 YouTube 频道粉丝和内部员工那里获取的。所以你会看到一些熟悉的内容，也有很多新内容。我对有些问题进行了合并和改写，好让它们变得更有条理。另外有些问题比较简短和简单，还有些显得笨笨的，那是因为我也想在节目中找找乐子！不过，所有话题都不会过时。你会发现，即使是最具体的答案，结合到某一行业、服务和产品时，都可以用各种方式不时进行调整。你可能会想，这样不时调整有无问题呢？其实，别人问如何优化电梯行业联合会，问 Instagram 的未来价值，问迪斯尼投资数十亿美元的魔幻世界，和你能有什么关系呢？

5. 这本书的内容涉及现实生活的方方面面。观众曾经讨论迪斯尼的魔幻世界，因而引发了关于未来衣物技术的讨论，然后话题又转移到亚马逊的"投掷按钮"——只要简单地按下家居用品上的投掷按钮，就可以整理其中的消耗品。想象一下，你只要把洗涤剂一滴不剩地倒进洗衣机储液器，然后靠在洗衣机上，拍拍它的洗涤剂按钮。就这么一下，一个新容器已经准备就绪，可以自行工作了。一个普通人都不难以看出，这个发明会对这个星球上的各行各业产生怎样的影响。我还回答过像"如何为电梯行业注入活力""音乐家们如何过得更好""为什么 Instagram 的价值很快就会变得不可估量"诸如此类的问题。如果你看过我的答案，你便会知道，这些信息对你而言，同样有着千丝万缕的联系。

我希望你读过这本书之后，会感觉获得了力量，对于当前商业环境，包括来龙去脉、是非黑白和灰色地带、智商和情商、无所不在的细节和大局——就是成功的企业家、管理者、CEO和经理人必备的素质，有一个更深入的理解。我曾在 Instagram、脸书、品趣志、Snapchat、猫鼬、潜望镜、领英和一些其他社交平台上花了大把时间，因为人类的这项发明，我们的时代变得无比生动。2006 年到 2007 年的那段时间里，脸书和推特开始吞并友人网和聚友网，从那以后，我就再没有分身不暇的感觉。如今高风险和高机遇并存。在未来三年内，愿意付出时间和努力的人们，会因为自己的奋斗而获得非同寻常的回报。许多人仅仅做到了进驻脸书和推特，却没有意识到世界上已经出现了其他的机会。如果你想，这种优势将会属于你。

现在，让我们开始这次阅读之旅吧。

CONTENTS

目录

第一课

做生意，什么是最重要的？

既要当一个优秀的建筑师，又要当一个出色的泥瓦匠。

"云与尘"：优秀的建筑师和出色的泥瓦匠

我把所有的时间花在"云"和"尘"上面。

所谓的"云"，就是关于我自身的，以及我工作的内在哲理和信仰。

从我自身而言，我的观念真的很简单：家庭第一，其他真的都不重要。

从工作角度而言，我的观念也大致相同。我经常向维纳媒体公司的员工讲述这个道理——我们每天在生意上处理的事务，有 99% 都不是那么重要。新来的高管和员工第一次听说这个观点时，通常会以迷惑、好奇，甚至鄙视的眼神看我，因为，他们觉得要对一切小心在意，才能把工作做好。但这种想法是不对的。如果你规律性地遵循几个意义重大的核心商务理念，并把所有时间都花在上面，其他的事务就会自然而然地变得井井有条。我的"云"都是十分简单的，对于那些跟随我有一段时间的人而言，也算是耳熟能详的了。

为客户创造价值。

对于任何一种人际关系，都创造其中 51% 的价值，不管这种关系是与员工、客户还是陌生人的。

把自己的价值观当作终身追求的目标。

巧干永远代替不了苦干，它只是苦干的附属品。

人是最重要的商品。

耐心很重要。

赚钱的时候不要玩浪漫。

每天都试试超脱于生意之外的感觉。

这就是我的信条。

所以你看到了，这些"云"讲的不是大道理，而是大局观，是囊括一切的。它们陈述的不是目标。我们可以达成目标，也可以把它们搁置一旁，或者转移目标。我可以设立这样一个目标：我要买下纽约喷射机队。我会为之努力，但它不代表我工作的核心理念。

所谓的"尘"，就是围绕"云"的理念所进行的实干和操作。这便是辛苦的工作了。从我个人的角度而言，我的"尘"就是和我在意的人进行良好沟通、投身于事务之中，并坚持下去；把事情搞砸的时候道歉，并且确保不能经常掉链子。说起来，就是要做一个好丈夫、好父亲、好儿子、好兄弟、好朋友。从工作的角度而言，就是了解我的员工，了解业务知识，比如Instagram讨论组的上限是十五人、某个信息图在"品趣志"内的索引是超标的，了解脸书广告和Vine(微软公司开发基于地理位置的SNS系统，类似于推特服务)的投资回报率。此外，还要了解行业的变化和趋势，知道如何先人一步，乘势而动。

大部分人的表现中庸，所以他们通常只能在一定水准和平台上取得成功。有时候，他们在某个水准或平台上停滞不前，仅仅着眼于细节和工作关系，因而失去了看到"云"的智慧。有时候，他们又只懂得"云"那样高级的理念，却失去了工作的兴趣，或者忽视了做好工作所需的技能。脱离实践的理念是没有价值的。而脱离理念的实践是没有意义的。我们需要正确地分辨实践和理念孰轻孰重，分辨什么会让你进步，什么又会让你裹足不前。

在我职业生涯的早期，我从事葡萄酒行业，便在其中看到了这个规律的力量。我认识了许多优秀的酒业人士，他们品位独到，却因为分不清事务和理念孰轻孰重，因而发展前途不甚光明。我结识了一些国内顶尖的葡萄酒零售商，却发现他们实际上对葡萄酒所知有限，这让我颇为意外。诚然，要成为一个酒业巨头，首先要做一个成功商人，其次才要做一个葡萄酒行家，但第二点其实是十分重要的。我的家族葡萄酒企业名为"葡萄酒图书馆"，我参与其中之后，生意突飞猛进。我想，其原因就是我认真做到了以上这两点。我了解自己的生意，也熟知葡萄酒知识，这样的行家精神——热爱葡萄酒，尽可能地多品尝葡萄酒，关注产酒区和酿酒商的情况，为我的客户创造了大量价值，也为我带来了丰厚的回报。

在如今的商界，有一种类似的现象。我工作至今，曾经数百次和自称媒体专家的人坐下谈话，却发现他们对于媒体的知识乏善可陈，也几乎没有对未来发展的构想。因此，我对潜在客户说，他们将要合作的对象是国内一流社交机构的一流社交媒体行家。我这样说问心无愧。因为在维纳媒体公司，我们重视"云"，也重视"尘"，其他便不值一提了。

许多人的工作能力不过尔尔，却对于差强人意的业绩感到迷惑。每个人对于"云"和"尘"都有自己的定义，但如果要我提一条建议、从而改变你的职业轨迹的话，那就是在两方面都要有所努力。提升工作理念的高度，发掘工作技能的深度。既要当一个优秀的建筑师，又要当一个出色的泥瓦匠。

你要能够在高层面进行思考，同时又能够让双手沾满泥巴。

而表现中庸，就意味埋没在人群中。有一种开场白会让我感到别扭："我们就照着手机图片软件中的资料来做吧。"你的意思是，仿照过去五年中大家通用的做法吗？这种方式就是完成任务，既没有影响力，也没有特色，安全的做法而已。

随便哪一天，我都要这样别扭四次以上。要结束这样别扭的状态，我一般会去看看人们真正在做事的地方。他们像在壕沟里一样，左右开弓地工作。他们不仅进行全面的思考，开展高级的品牌创意。同时，他们也处于一个基础的层面，就是从事具体事务。他们如痴如狂地投入工作，在行业平台上进行各种实验，尝试一些会让他们在生意中被嘲笑的做法。这样拼命的实践者真的不多，能够展望未来的人同样不多。我所谓的未来，指的是2025年和2030年。大家都在"中庸"的位置上不上下不下，用着新开发的手机软件，希望在短时间内取得最大成绩，却不想创造一些有长远价值的东西。

让我这么来解释吧：如果你记了一页又一页的笔记，却没有自己的见解，你就一无所获。如果你不能告诉我自己作品的创作思路，你就一无所获。另外，如果你只对未来三年进行思考，你同样是处于严重的弱势之中。中庸的人群就是这样做的。他们循规蹈矩地做所有的事。而"云"和"尘"改变了世界。

最好的手机应用软件、企业和产品都打破我们的生活常规，让我们用新的方式交流，也改变了我们的日常生活。人类因为这些优秀的产品而进步。

在你人生99.9%的光阴中，你就是被这些中庸的人包围着的。大部分事情都是平平常常的。我希望你能深入地思索"云"和"尘"的问题，指出如何改变原来的游戏规则。

马虎含混会腐蚀人，缺乏动力会腐蚀人，那些半好不坏的东西也会腐蚀人。中庸状态同样令人意气消沉。

分配给"云"和"尘"的时间各是多少？应该根据自己的个性来分配吗？或者根据精力来分配？这两者之间需要有一良好的平衡。过分倾向于其中哪一方面，都会引起问题。如果你对这两者三七开，无论两者孰轻孰重，我都已经不赞成了。这种比例应该是最后的底线。

此外，你也应该依据自己的个性来分配。如果你善于思考理念，你要确保把30%的时间花在培养工作技能上。如果你经常为了具体事务奔波忙碌，为此花掉了70%的时间，那也够酷的，但是至少要省出30%的时间，把你自己放到壕沟里，好让你的思路在真实世界里得到实现。这会是一个此消彼长的过程。有时候，你需要从三七开变成七三开。这是因为，有时以前的方法虽然正确，后来却需要保证工作的方方面面，从策略到运营，都跟得上形势，而且向着正确的方向发展。实际上，刚才提出这个问题的时候，我正在考虑把分配给理念和实践的时间比例调整为 90/10，因为在过去九个月中，我把大部分时间都花在具体事务上，而在那段时间里，我又发现了一些机会，可以对公司进行重新规划。

关于如何分配"云"与"尘"的时间，并没有一个完美的方案，但是两者都必须是同时并存。你应该致力于策略和实践这两个方面，并进行全盘考虑。有许多人颇为傲慢，用一种商务精英的姿态考虑这个问题，却并未投身到实践中去。

我手下许多员工都知道，我想买下纽约喷射机队。我小时候这样想，是因为我是个孩子。三十年过去了，我仍然抱着这个梦想，并未感到厌倦，由此可以看出我多么长情。如果我拥有了纽约喷射机队，那就是我专注于"云"和"尘"的结果。我把自己的每一个决定——从成立维纳媒体公司，到写书、发表演讲、写播客、参加访谈秀，都看作一步棋，除非能让我更接近"买下纽约喷射机队"这个目标，否则我便不会走这一步。

蓝图虽然很伟大，但如果忽略了每一个阶段中的小事，有可能真正达到目标吗？我的答案是肯定的，因为你一旦拥有了一份蓝图，一颗北极星，一种真正高瞻远瞩的眼光，一些有趣的事情就会发生了：你不再重视那些日复一日发生的、沉闷而琐碎的事儿，因为你在玩一个大游戏了。所以，每个阶段遭遇的问题，只是成长的副产品，你会渐渐学会处理它们的。当你不再看重小事的时候，便可以拥有完整的、更多的精力，全力以赴地去争取。如果你心无旁骛地投身于长远目标，你在各个阶段中就会更有成效，能够更快达成目标。

许多人问我未来五年的规划。

我不知道。我不是一个做规划的人，也没有什么五年规划。

五年前，Instagram 和 Snapchat 都还没出现，GoPro 也没有，Netflix 也没有今天的规模。世界变化如此之快，不可能专业地预测未来。就个人而言，我的健康会改善，我会花更多时间陪伴家人。我会去玩乐乐棒球、跳芭蕾舞、看演出，让我的生活张弛有度。就工作而言，我会一如既往地做好自己的事——聆听市场声音，适时调整方向，做好生意，用未来的视角进行营销，仿佛是在 2021 年、2022 年、2027 年，或者任何一个你可能读这本书的年头。

我是个"在中场休息时段调整策略的主教练"。如果在前半场结束时，对手和我的比分是 23 比 21，我会利用中场休息的十五分钟想出办法，为我方队伍扭转劣势。我会运用我的知识，估摸比赛态势，然后做出调整。用米西·艾略特的话说，我会戛然而止，迅速思考，并且扭转局势。这就是我能够最终以 35 比 24 的优势胜出的原因。这是我作为一个企业家的风格。我即兴发挥，脚踏实地地适应新的形势，同时又能时刻关注着我的"云"。

➡ 你今年学到的最有用的一课是什么？

在 2014 年，也有人问了我这个问题。那时我聘请了一位私人教练帮助我恢复健康，按照一份新食谱安排膳食，并且在他的指导下保养身体，当这个过程刚刚持续了二十六天，我就已经认识到，在健康方面，我对自己不够负责。因此，如果我想要改变的话，我需要找一个人督促我。这个办法奏效了。那时候，我连续去了二十六次健身房，吃了七十八顿健康膳食，一点折扣都没打。从那以后，我坚持这个习惯，也觉得挺有成就。我心存感激，因为在足够年轻的时候找到了这个办法，让我在未来几十年内都能够受益。

因此，那一年我学到的最有用的道理就是：把自己的健康放在首位是很明智的。我曾经嗜糖，精力因而下降。但是锻炼几个礼拜以后，我便焕然一新了。重视健康的态度改变了我的生活。我说过，我做的每一件事都像一步棋，让我不停地接近"买下纽约喷射机队"这个目标，还记得这句话吧？这个改变，不仅对我的健康有好处，对我的家庭有好处，还让我能够做创业、投资、更长久地做我喜欢的事。这就是"云"的思维，让我始终做到鱼与熊掌能够兼得。

我相信自己的目标。我听说，有些人因为一个项目没有按照他们预期的方向发展便丧失斗志，这让我挺无语的。我有清晰的专业视角，知道自己的目标，所以我愿意在过程中沉住气。而且我有信念，记得自己做这件事的初衷。除此以外，我只想做个好人，做正当生意，并为之奋斗。对于这些，我都成竹在胸。如果我没有达到目标，那就是因为我的决策有误。但是这种情况也不会让我丧气，因为我明白自己的目标。曾经有那么一两次，我投资失误，或是和坏事扯上了关系，但我后来也从中获得了一些益处。从那些损失中，我明白自己正汲取宝贵的经验。

➜ 在你的生活中，有什么事是半心半意去做的吗？

有两件事我没有付出全部努力：一件是对于非营利组织和非政府组织，我以前向他们捐款，但没有花时间为他们做事，因为我要省出时间陪伴家人。但是现在，我是"承诺铅笔基金会"的董事会成员，这个职务是需要投入时间的。此外，我还参加了若干个组织，既向他们捐款，也贡献了时间；另一件是我的身体。我周旋于生意、孩子、志愿工作和锻炼中，很难有自己的时间，我也没有去考虑这回事。在九月份的足球季，我星期天总是花好几个小时看球。或许，我也可以在年底之前找一件事情来娱乐自己，但是孩子这么小，我想这样不太好。

➜ 如果你有一座七英亩的葡萄园，你会怎样销售所生产的大量葡萄酒？你会用怎样与众不同的方式进行营销？

我的办法还是归结为"云"和"尘"。或者，就是我经常和父亲说的两个概念，大和小。如果我只在新西兰有一小块地，生产的葡萄酒不那么多，我会这么做：

小的方面：直接售卖。我会乘飞机前往澳大利亚和新西兰的大城市，到处找餐馆服务生，努力把葡萄酒卖进他们的餐馆。我会提供试喝小样，还会直接把酒卖给个人，以此来完成不可能完成的任务。

大的方面：创办一家媒体公司。我在2006年创办了这项事业。多年来我一直说着，大家都应该这么做，不管他们做的是哪种生意。当我在"葡萄酒图书馆"工作时，我做的是小事——策略性的邮件服务，网站管理，以及周六的时候去拓展人脉。但后来我开始做一些大事，比如管理"葡萄酒图书馆电视"。你，一个新西兰的小型酿酒厂厂商，要成为新西兰酒类和食品行业的翘楚。你要尽可能地摆出相关的文字或视频资料，然后开始讨论。讨论你的产品、竞争对手、葡萄酒的包装、让我们喝酒的理由、新西兰的酿酒葡萄质量好的原因以及下酒的食物。你还可以讨论葡萄酒、讨论新西兰，再说说激情、信息和专业知识。在你的层次，每个人都有发展空间。把生意做大起来。

总之，不要被浮华的东西绊住了脚步。当"葡萄酒图书馆电视"办得有些起色时，有媒体要求采访我、报道我。我开始出现在柯南、埃伦和吉姆·克里姆的节目中。但是，我还是一直在脚踏实地地忙碌，还是努力和巴罗洛公司谈成一笔好买卖，还是处理着邮件，和人们在推特上互动，还是努力多卖一瓶葡萄酒。即使你开始尝到成功的滋味，你还是要保持谦卑，既可以在菲律宾找个过道中间的位置坐下，也可以向随便哪个餐馆卖几瓶葡萄酒。

➡ 对做生意来说，你认为什么是最重要的？

如果你是一个个体企业家，或者小公司领导层的一员，以下答案也同样适用。

在每一次冒险开始前，都难以预料你资金链的情况，也说不准什么最重要，因为一切事务都像是亟待处理。客户满意度很关键，其他事情，比如建立公司文化、预算、营销、招聘等，都很关键。

但有一件事，总是摆在比其他任何事前面：现金。它是你生意中的氧气。

你可以生产出最美味的咖啡、最好的运动鞋，制作出最精彩的 TV 秀，或是有史以来最伟大的艺术品，但如果卖不出去，你的生意就做不下去。因此最重要的是销售，因为它产生现金，有了现金，你才能做其他一切事情。没有现金，你就像离开水的鱼，上气不接下气。

这句话怎么重复都不过分：现金就是氧气。

在 AJ 大学毕业之前大概两三个月，我招揽到第一个客户。我们说服客户为整个项目预付了款项，用这笔钱雇用了第一批五六个员工，他们现在仍在我们公司工作。AJ 和我确实亲力亲为地做了很多早期工作。我们能上能下。

我希望你能记住这段轶事。许多人关门歇业，其中一个原因是不了解如何掌握资金流。你觉得自己会赚八万美元，所以开销掉七万没问题。但是，不如意事十常八九，如果在你觉得会赚钱的时候，却发生了意外，没赚到钱，你就没有缓冲带，会马上陷入麻烦之中。一些专业人员常常觉得，他们以后会日进斗金，却没有意识到当你成为一个真正的公司决策者时，需要根据现有情况做决定，而不是假设将要出现的情况。因此，如果能够在开销之前卖掉产品，便卖了吧。

对做生意来说，"现金就是氧气"是第一要务，那什么是第二重要的呢？产品、团队，还是服务？

没有第二重要的。

这并不意味着，除了现金之外就没有什么需要关注的、能影响生意成败的因素了。不重视客户服务、产品或者公司文化都是不明智的，最终会毁掉你的生意。只是这些问题毁掉生意的速度会比现金慢一些。你的生意就像一个人的身体。它需要糖和咖啡因来维系。如果你提供水、蔬菜，并且进行锻炼，它会运转得更好一些。但是缺少氧气的话，它连五分钟都坚持不了。

让我们假设你已经很好地掌控了现金流。下一步是什么呢？

把注意力集中在你的能力上。你有什么其他优势？设计？快速发展？把这些优势记下来，然后对它们进行深入发掘。如果说现金是你公司的氧气，那么你的优势就是它的 DNA。你要开发和培养这些优势，因为它们将成为你公司的名片。

比如说，我善于发展主营业绩，因此我在"葡萄酒图书馆"和维纳公司最初的日子里，我都致力于这项工作。过了一段时间后，我才开始让利润回升。

下一步要全力以赴做什么，这个决定是至关重要的。不仅因为你的发展依赖于此，还因为这个决定会让你找到更多的关键伙伴，他们不一定善于销售，但在其他某些方面能力超群——他们会和你互为臂助。

凭借你的优势赌一把吧。在这个世界上，太多人只顾着弥补自己的弱项，却忽视了那些与生俱来的优势，因而也低估了这个商业策略的作用。

➡ 维纳公司是否投入很多精力去赢取奖项？整个广告行业都热衷获奖，你怎么看？

所谓奖项都是些垃圾。广告机构想获取奖项，有两方面的原因：他们想靠奖项吸引人才，并拉到更多生意。他们设计给客户的作品，挺适合去评奖，推销产品却不给力。我知道我们的行业规则，就是为了帮客户做好生意，这需要把目光从奖项上挪开。在维纳公司，我们的工作就是口碑。帮客户推销东西是很重要的，但那些奖项却把大家的精力从这方面转移走。许多广告机构都把老派的宣传报道和奖项当作能力的证明。我殷切地希望科技进步，能够让我们获取更多实事求是的数据，用来体现营销活动和广告活动的成果。

第二课

我年轻，但我想创业！

着手去做任何一件有用的事。即使那意味着卖掉你身上的汗衫。

关于创业，我们要知道的一切

有时候，孩子们看了"听听加里怎么说"，会问我一些问题。他们对近在咫尺的机会毫不重视，这让我一直很奇怪。如果让他们在卧室里拍摄一场化妆秀，他们绝对可以想出一千个创意。当然，他们也会找一个经验丰富的企业家，直接问他方法。每一次，当我看着他们快乐的、洋溢着希望的脸庞，我总想呐喊："你们知道自己多幸运吗？我的目标是买下纽约喷射机队。你们知道吗，如果我在你们的年纪就能上网，我离这个目标会比现在近多少？"上帝啊，我当时可能就这么喊了，可我没有。

现在，更多人像这样直接提问，这是互联网带给我们社会的变化。因为互联网，许多人就算在清洁工具间、坐在一张临时拼凑的桌子边，也可以创造出令人难以置信的东西。因为互联网，我们可以彼此交谈、形成关系网、接触有影响力的人、找到灵感，以前所未有的水平参与到一些事务中。我们是如此、如此地幸运。在这个时代创业，是令人振奋的——嗨，生活在这个时代就够棒了！许多人向这个世界付出他们的灵感和努力，他们令我感到鼓舞。

有些人第一次创业，有些则是重整旗鼓再创业，他们问了我许多问题，有的要我解释社交平台的主要组成，有的寻求我的肯定，证明他们领悟了成功的要诀。我尽可能多地回答他们，因为他们是我唯一能够帮到的人。我经常说，创造价值的是两种关键事物：1）娱乐性。2）实用性。这一章讨论的主要是后者。这是一个审视下一代观念的机会，创业者们不该放过，老前辈们、专业人士和各机构的代表人物也不该放过。就算你觉得自己知晓所有答案，你也会在这一章找到惊喜。他们的问题——且不说他们的期待、恐惧和单纯的悸动，也会让你想起自己第一次跳上可怕的、疯狂前行的火车时的心情。

"白手起家创办维纳媒体公司的过程中，什么是最艰难的？"

总有人问我这个问题，答案会让你吃惊的。

不是离开"葡萄酒图书馆"。

不是和一个亲人一起创业。

不是作为新手闯入广告机构林立的世界。

最难的是那些应该由我做出的决定。

在我们创办这个公司最初的九个月里，我和我的弟弟 AJ 可以找到八百件事一起去做，这让我烦扰不堪。我很难不去回顾那些机会，很难不怀疑是否做了正确的选择。此外，那一年我女儿米沙出生了，我还出版了第一本商务书籍《粉碎它》。事情是如此之多——那么，这样决定能够最好地利用时间吗？事后去揣测是残酷的。

这种做了重大决定之后的买家式自责，你当然经历过。几乎每个人都经历过。孩子们选择一个大学后会自责。经理人雇用一个人后会自责，企业家投资后会自责。因为你知道自己有可能把事情搞砸，从而失去了一个好机会。失去了完美的大学、完美的员工和巨额的利润。我们都有"一个杏仁"的时刻。（对这个词不熟悉吧？我会在第三章谈到，是关于投资的。）

但有些时候，你得穿上李维斯牌的"大男孩裤衩"去远行，接受自己的决定，并且继续前进。你毕竟是为了一定原因才做出决定的，那么便相信自己的判断吧，回头看没有意义。即使你发现自己犯错误，也没有关系，每个选择都会给你一点好处的。它可能是投资的回报，或是你学到的经验。有时候，很难说哪一种选择更有价值。只要做决定的时候不胆怯，只要不坐着犹豫，不管选择哪条路，你都不会一无所获。着手行动吧。去打电话吧。而且要记住：如果你足够幸运，有多种选择的话，要心怀感激。这可不仅仅是一种福分了。

我是幸运的，这毋庸置疑。我并没有早出生二十年，我在三岁的时候搬家到美国，拥有了美国梦提供的一切机会。如果这不算幸运的话，我不知道什么能算了。

因此，运气实在是个好东西，我或许已经拥有了超出分内的运气。但它不是成功的主要因素。完全不是。就像我曾经指出过的那样，我自信又爱逞能。但是，如果我不曾拥有做事的技巧和奋斗心态，这样的个性就没多少价值。我想有人会提出，说即使只拥有一个好的遗传基因，让我自信又努力，也可以算是幸运了。但是，很多人创业初期不太自信，也没学过好的经商之道，而他们独立闯荡并取得了成功。所以在我看来，成功——尤其是我自己的成功，我怀疑大部分成功人士也不例外，是多种因素互相平衡的结果，是一点上好的梅里蒂奇酒，如果你喜欢的话，是幸运牌的 DNA，自信和勤奋。

➡ 推特、Vine 和 Instagram 有固定的长度限制，如果我们创
立了企业账号，命名时会受到怎样的影响？我们应该受到这
些影响吗？

有些人想为企业取一个响亮的名字，经常问我有什么技巧。技巧？没什
么技巧。有人为了给新创办的企业取名，往往烦恼几个小时、几周、几个月，
希望能找到一个完美的、动人的、有创意的名字，好让他们在同行中"脱颖
而出""一鸣惊人"。你想知道如何在同行中脱颖而出、一鸣惊人吗？和名
字没关系。

你只需要真正地脱颖而出、一鸣惊人。

你会不会告诉我，"苹果"和"Vine"是什么惊天动地的靓名字？或者
"Snapchat"和"Reddit"呢？你知道有多少人告诉我，他们希望有个别的姓氏，
好当作公司的招牌？他们谈话的对象，就是一个姓维纳查克的家伙呢！"噢，
这个姓氏很特别很酷……"不，真的不特别，也不酷。因为我用这个姓氏做
了一些业绩，所以它"好"。

当"谷歌"和"脸书"只是一些正常人名的时候，它们对大家有什么意
义吗？想要人们认识你、记住你的名字吗？自己去争取吧。当然，如果你运
气好或善于安排时间，对于生产和创业都有很大襄助。但是，如果开始没有
全力以赴地奋斗流汗，就连生产和创业本身都是泡影。

在这个短平快的时代，如果你真的担心名字占据太多空间，就来个缩写
吧。最近，我经常把自己的名字签成"维纳"，似乎也没人在意。你也可以
让自己的受众帮忙取个缩写的名字。如果你提供的东西能为他们创造价值，
他们会去想的。以下是我的两个建议：别再因为完美的企业名烦心。是的，
好名字会带来一些市场竞争力，但如果最后产品差劲，名字就没有意义。如
果你的企业名很靓，人们会停下来关注一下。如果名字一般般，他们也真的
不会在乎。他们会根据对你的品牌体验，估量企业名的意义。所以，请别再
为企业名伤脑筋了，去操心产品吧。

➡ 一个创业者要保证财政安全而保留全职工作，这样工作最长只能是多久？什么时候要放弃一件事？创业会太晚吗？

对你们某些人来说，下面这些话可能挺刺耳：

如果你有全职工作，你就不是创业者。你可能有创业的愿望，也可能有创业的倾向，但如果你是一个天生的企业家，你对"正经的"工作就会连十分钟也忍受不了。

如果你做全职工作有些年头了，感觉不错，不会迫切地舍弃什么——就像落入陷阱的狐狸咬掉自己的腿一样，你或许就应该做眼下的工作。但是，如果你的年纪在十八和二十九岁之间，不管什么时候，为自己以外的人打工都感到痛苦，蠢蠢欲动，相信自己的能力足以上演自己的戏码，你便着手行动吧。在你承担起贷款或家庭的责任之前，在你的父母开始需要你之前，或者你收养一条狗之前，行动吧。现在你要操心的唯一一个人就是自己，这时便行动吧。

想要成功，最好的办法就是做成功需要的事。卖产品、卖产品、卖产品。找出创造价值的办法，学习如何挖掘价值点，和客户衔接，去找出谋划策的人，去找能指点你、需要的时候能帮忙穿针引线的人，为他们免费打工。学习勤奋做事，感受成功游戏的滋味。把自己放在赢家的位置。尽你所能多读点书（嗯哼……）但这些书不会让你成为企业家。尤达大师说什么来着？没有尝试，只有实践。

别再等待行动的最佳时机，因为它永远不会来临。如果你想当艺术家，便去创作艺术品。想开比萨店，就去找一家比萨馆子打工，学习这桩买卖。你可以开发一个手机应用软件，但别指望《全球之声》会报道它，因为你得卖劲工作，证明它能解决某个问题、迎合某种需要或让人们开心，否则他们是不会替它说半句废话的。

着手去做任何一件有用的事。即使那意味着卖掉你身上的汗衫。

➡ 如果你是家中唯一的经济来源，为了一个令人振奋的机会而辞掉稳定的工作，是否不负责任呢?

你知道，我对于这类问题本能的回答就是，如果你不抓住机会燃烧自己的激情，成为一个更快乐的人，那才是不负责任。如果你有工作搭档，你可以和他谈谈，看是否能领取单一工资（仅靠职务或服务年限决定的工资）来维持目前的生活状态，或者就降低生活标准。但是，如果你是家里的主要经济来源呢? 坦白地说，除非你有足够的积蓄、信托基金、有钱的父母或者其他靠山，可以在你开始新征程之后，维系你目前的生活水准至少两年，否则放弃稳定的收入都是不负责任的。我得这么说，你要全力以赴地创业，但是仅在牺牲生活享受的前提下，不能弄得有上顿没下顿。你可以在一整年的时间里每晚都吃维也纳香肠，但不能拖累孩子们一起吃。

有许多人可以把创业当成一种爱好，因为他们享受过程，不在乎结果。所以，他们做一些喜欢的事，顺便赚 1000 到 4000 美元便心满意足了，因为他们不需要 10 亿美元来让自己开心。如果你到了生命中的某个节点，想追求梦想却无法放弃一切，不妨作一个业余创业者，这样常常能在两边都得到最好的结果。

➡ 我喜欢自己的工作，我却想要开播客，开创自己的事业。不过，到了实践阶段我就束手无策了。

说起追逐梦想、做个小生意、开播客，或者诸如此类的事，最难的部分就是着手去做。你前进道路上唯一的困难，常常就是迈出第一步。因为，你一旦做完这件糟糕的事，就会有动力驱使你前进。

毫无疑问，迈出第一步会是很可怕的事。我明白这个道理。我真的明白。但我同样也好奇，如果你知道没人看着自己，你还会这样害怕吗? 看吧，我觉得真正可怕的不是失败，而是让在乎的人看到自己失败。比如你的爸爸或妈妈、最好的朋友、兄弟姐妹、导师或配偶。谁都不想让自己爱的人失望。

但如果你想成为创业者——如果这是你真正、真正想做的事，你就无法摆脱别人对你的看法。即使是父母也不例外。我不是瞎扯——别人会批评你。他们会说刻薄的话，甚至讨人厌的话，这常常是因为，他们妒忌你有勇气打破现状做自己的事，或者他们很爱你、为你担心。这些都没关系，如果你真正相信和信赖自己，你会学着忽略他们，他们会学着接受你的决定。如果你失败了，有人来笑话你，这些人便不值得你浪费时间。忽略他们吧。

如果恐惧让你裹足不前，就想想谁的意见对你最重要，然后和这个人，或者这些人面对面坐下来。你会这样说："我将要去做这件事了。我现在没有开始，唯一的原因是不想让你失望。这是一个漫长的征程，我知道自己最终会达到目标。但是我要知道，如果我遭遇挫折，你不会轻视我或者离开我。而那样我会垮掉的。"

听了这样柔软而充满敬意的话语，任何一个有心的人都会感动。知道自己的意见对你如此重要，谁不会感到荣幸呢？他们很可能会答应支持你。而这便足以让你迈出下一步了。你要让自己身边充满这样的人，他们和你站在一起，鼓励你前进，而不会打击你。

➜ 有些人对企业家精神持否定态度，如何同他们打交道？万一这个人是你妈妈呢？

企业家精神最了不起的地方是什么，你知道吗？你和母亲之中，最终有一个人是对的。那个人是谁呢？处理这个问题，最好的办法是在你妈妈面前坚持下去。出门去，采取行动，然后对她说："我早就这么对你说过呢。"享受这么说的乐趣吧。

因为你得明白，她的否定态度不代表她不信任企业家精神——她不信任的是你。这可能让你难受。我希望你也会因此奋发图强。那些不信任我的人，正是促使我前进的最强动力。

还有，或许你妈妈是对的。或许你就是想入非非。你需要找其他人，谈谈你的创业系统，听取他们的意见。如果他们同你妈妈意见一致，你可能就要对自己的抱负三思而后行了。如果他们支持你，而且你看得出他们真心诚意，你的信心就会上升。最重要的是，你要问自己：是否信任自己呢？如果你相信自己是个创业者，那其他任何人的意见都不重要。你最终会证明他们对，或许也会证明他们错——不论哪种结果，通过尝试你会取得进步。如果你问这个问题，或许意味着你重视妈妈的看法。我对其他人的看法无所谓，因为我对自己知之甚深。你敢说同样的话吗？如果你敢，你就会对自己要做的事胸有成竹。

➡ 成功的最大障碍是什么？缺少时间还是缺少资金？

如果说缺少时间或资金是障碍的话，那障碍就是个可笑的东西。你说的只是借口罢了。

有一百万个理由会阻碍你的成功。你家人的健康和福祉。你居住的国家状况和你想要创业的国家状况。一个身家百万、能力超群、第一回合就打败你、踢你出局的竞争对手。很烂的新闻报道。一个适时出现的巧合。开车时看手机，撞死一个人，那也毁了。你能找到一百万个理由停止创业，但每一次放弃，真正的理由几乎都是畏难，而不是时间或金钱。

要想当一个成功的企业家，你必须是一个乐观主义者。缺少时间只是一种动力，让你在固有之间内提升效率。资金不足是一个游戏，让你用最独特的办法去筹措更多。你不会看到障碍——你看到的是机会。

乐观主义者会接受前进道路上的障碍，并假设自己能找到解决方法。不用说，艰难困苦对乐观主义者也不是问题。他们享受艰辛。

如果你不这么觉得，或许你还不具备足够的创业者精神。或者说，至少你还不具备成为第一名需要的素质。但是，你可能不知道吧？这是没关系的。别盯着第一名的宝座了，努力成为第七名也好，这也值得骄傲，也是很棒的活法。

➡ 当你的产品和理念并不被市场看好的时候，你会如何扭转这个局面？

别人经常换一种方式问我这个问题，它归结为：你怎么把别人从"可能"转变为"可以"的？你如何促使他们买东西？

不需要做这些。

我不曾试图改变任何人的想法。任何人都不需要！我编写的所有资料、推出的所有产品——书籍、主题演讲、视频、T恤，都没有改变别人看法的意图。

我交流的人，只是那些看法已经改变的人。你也应该这样做。

这个问题涉及的东西比单纯的社交多得多。它牵涉到任何你努力想卖出的产品，就是这么回事。如果你卖传真机，但客户不接受传真机，便不要试图说服他们买传真机！去找那些买了传真机的人，弄明白他们的想法，再把机器卖给他们。因为，如果你过早地进入一个没有市场的商业领域或者系统，你就输了。

我能够领先大部队进入市场，大家总赞扬我的这份能力。但是，正如我一直说明的那样，我不是未卜先知的预言家。我是一个实际的人。我不会花时间劝别人接受我的观点。我卖过新品葡萄酒。1997 年，我做网络和电邮营销。2000 年，我做谷歌关键字广告。两年前，我做 Snapchat。2009 年，我和 AJ 创办维纳媒体公司的时候，还有很多人不相信该领域已有充分的市场，但实际上市场需求已足够让我们创办公司，于是我们向这块发展了。如果你要生存，便需要有些不知所措的人，这些人总会有的。因为这些人，我们知道自己不必冲向冰球，而应该冲向冰球下一刻的位置，这样是安全的。

不妨把你的时间和精力投向一块肥沃的土壤。要发现客户基础，可能需要做很多工作，但总胜过浪费时间在那些永远不会支持你的人身上。我保证，你主动出击的次数越多，建立信任脉的机会就越多。每天花一两个小时，发掘你不熟悉的领域。这份努力会有价值的。

➡ 寻找创业伙伴需要注意什么？

首先审视自己。你要有自我认知，诚实地面对自己的缺点，并找一个能弥补缺点的人。如果你有考虑的人选，问问自己，她或他是否有黑白两色，好弥补你的灰色。你想掌握公司运转的核心因素——团队、有价值的产品、赢利模式、销售、员工留用、商业眼光和管理。当你不在意人力资源的时候，她对此有兴趣吗？你需要把生意运转中方方面面都照顾到——一个团队、好的产品、一个销售模型、销量、人才稳定、视野和执行。有人在这方面会犯错误，那是因为他们对自己不够诚实。他们想，噢，我可以用自己的会计知识对付过去。噢，只要我动手，我可以把那个法务内容解决掉。

噢，不。如果你勇敢无畏、乐于解决问题和学习，都是有道理的，但是做生意的话，你需要一个坚如磐石的基础。在理想情况下，你和你的创业伙伴在一起，会比各自为战厉害一百万倍。

➡ **创办一个新的媒体机构时（比方说，关于食品和技术交叉的领域，没有先例），你如何寻找和构建团队，也就是说，如何寻找有资源和人脉的伙伴？**

每个人都有些资源。我白手起家打天下的时候，似乎就遭遇过上述问题，而我的方法是拓展人脉和资源。我一直努力去逆转人脉关系——我会想办法向他们提供最有价值的东西。

我想，处理这个问题的诀窍有两个，我称之为"出其不意"和"低姿态"。我会尽可能多、尽可能频繁地接触这些有资源的人。但是，我不会请他们为我做事，我会问自己能为他们做什么。可以去社交场合或媒体找他们，但不要直接找他们和提出要求。我们要面对现实，这类人一般都事务繁多。不妨问一问，你能为他们带去什么有价值的东西。我很相信碰运气的效果，虽然我知道这听起来不舒服。如果你想找某些人要些东西，除了金钱之外，你还可以用其他办法回报他们。此外，你还可以免费提供自己的服务和产品，这也是创造赚钱人脉的好办法。

比如说，当我推销一本书的时候，我总是售价最便宜、姿态最谦卑的那一个。关于这本书，因为我花时间推销，有些客户买了25到2000不等的数量，我想他们是赚到了。我不吝惜自己的时间和影响力，好让这本书热卖。因此，当你评估要接触的五十个人，不妨审视他们，了解他们的弱点，这样才好事半功倍地赢得这些客户。还有，如果有些人没有弱点，就倾听他们的话，直接提问，弄明白怎样让自己提供的东西超过他们的付出。

➡ **如果想实现一个关于手机应用软件的创意，你有什么建议？你觉得什么样的步骤比较好？**

首先我想问问，你指的是什么？如果你有创意，但不会编程，就找个合伙人或是开发团队去写这个软件。如果你需要的是钱，便向投资者推荐创意。

如果你想卖出软件，就找个战略性买家去推销。如果你想发布软件，就找媒体或者有影响力的人。你要向谁推荐这个软件？现在你需要谁，去找谁吧！

后来史蒂夫·安文（这个节目摄制组中一个了不起的成员）对我说，如果有人知道我也投资手机软件，便会好奇如果他们来找我，我会选择谁。举个例子吧，我投资一款红酒手机软件，叫作"美味魅力"。我当时为什么会投资呢？嗯，是一个"美味魅力"的风险投资员听说我有葡萄酒从业背景。他找菲尔·多伦多——我的交易审查员去推销，所以我知道这个软件的时候，觉得它很有吸引力，这也在意料之中了。如果你想评估投资者是否有兴趣，考虑他们的过往经历是一个不错的策略。但话说回来，在你经商生涯中，每一个决定都应该是策略性的。

➜ 我有一个关于手机应用软件的创意，也有愿意测试的目标市场，我想写出这个软件，却不会编程。你有什么建议吗？

这是世界上最简单的事。比如说找 MeetUp.com，上面有八百个不同的开发者团体。找一个离你最近的，即使距离很远，你也可以过去找开发者。

每一天都有许多人问我这样的问题："嗨，加里，我要怎么找一个商业搭档／程序开发员／助理呢？"如果不能独立解决一个如此基本的问题，你还怎么在生意场上混呢？说出的想法都是废话。实践才是这场游戏的实质。只、管、去、做。

你知道吧，我是认真的，如果需要提这样的问题，你或许还没开业就倒闭了。在考虑好这个问题之前，别再多花一分钟在你的事业上了。我是说真的。

➜ 我想开发一个手机应用软件，从雏形到出品大约需要六个月时间。如果我现在行动的话，你觉得有什么办法，可以让它发布的时候吸引许多用户？

很多产品开发者每天都考虑这个可笑的问题。如果自己都不确定产品的号召力，又怎能在上市之前几个月进行推销？

我的答案是一个很棒的策略，具有普遍适用性：品质、品质、品质、品质、品质、品质。

假设你会推出一个效果好的应用软件。去找一个进度安排工具，例如 dailytimemanagement.com，在软件发布之前的几个月都用它安排时间。然后开始发布相关资料，在 Medium、你的播客或者 RebelMouse，任何一个平台，只要能吸引喜欢这类主题和生活方式的同道中人，吸引可能用这款软件的人。还要围绕要发布的产品，尽你所能创立一个枢纽和社区。

软件推出的时候，你就在那个社区隆重推出。对他们呐喊。请他们去做测试。给他们试用版或有限试用期，好让他们体验。如果他们喜欢，他们会用口碑替你做营销。你很快就知道什么有用，什么没用，以及下一步应当做什么。你知道我们怎么称呼这种策略吗？对了，这就是利用"引诱 & 出击"建立品牌的经典案例。向社区猛力灌输优质内容，赢取他们的信任，直到某一天可以提出要求。这是一个普遍适用的策略。设计一个地方，让消费者去学习、结识同道中人，并成为产品成功的一部分。然后就真正、真正猛烈地向他们出击吧。

➡ 如果我有一种创意性的服务，想据此创业，怎样赢得最初的十个客户？

有一次我制作了一个视频，向访问 garyvaynerchuk.com 网站的人展示如何通过广播对潜在客户进行电话冷访（即未经预约的电话推销），以及如何说服人们和我合作做生意。我没有准备说辞，只是在电话里清楚地解释，在我播客发布广告会获得什么样的好处。电话谈话简短而愉快，结束时一些潜在客户答应，如果我把想法写成书面文件寄给他们，他们会进行评估的。我把这样的过程称为有效的电话冷访。如果我是一个创业新手，想寻找第一批客户，我会马上再一次抓起电话，拨打一个新的潜在客户的号码。我会一遍、一遍、又一遍地重复这个过程，利用那一天所有可能的时间，然后在第二天、第三天……继续这么干。

为了赢得那最初的十个客户，你要用慢工出细活。朋友们，别害羞。只管卷起袖子，去找世界上每一个可能买你东西的人（我指的那些人，对你的产品或创意至少要有一个大体的认同，详见上述倒数第二个问题。），请他们买你的东西。

➡ 你为何只专注于提升主营业绩呢？

许多初次创业的人很早就想提升利润和收益。我不一样。在我父亲的葡萄酒公司和维纳媒体公司，我都致力于提升主营业绩。为什么呢？因为你总能想办法提升收益，但是提升主营业绩的空间却很小。

做生意的时候，我倾向于创新，并领先于市场，所以我想跑得快，在我仍然比别人领先一些的时候尽可能多地抓住客户。通过这样做，也让我在这个领域结识了一些人，在我扮演先锋角色、尽快建立品牌和获取影响力的时候，他们让后方有条不紊地运作，免除我的后顾之忧。因为市场会最终赶上我的脚步，于是事情就变得有趣而刺激了。这时，人们开始接纳我的所作所为，不管是关于葡萄酒、电子商务、视频播客还是社交媒体。我建立了品牌、赢取了客户忠诚度之后，三年、四年、五年过去，我才开始提升利润。任何时候，你都可以着手削减成本或抬高价格，但通过攫取更多客户，你会获得影响力，并且能找到一个势力范围，当时机成熟的时候，你最终会把它变成自己的地盘。你需要一定技巧平衡支出和销售额，这样才不会关门歇业，但在突破这些限制方面，我做得相当不错。我想，正是因为我对于主营业绩的重视，才让我手中掌握了第二个公司，而且它的价值在五年之内从三百万美元增加到五千万美元。我理解有些人的需求，他们想保证安全，保证发出工资。但是记住，如果你发展得太慢，其他人会赶上来，把你吞掉。

➡ 当你在生意方面有了一个想法，多久才会付诸实施？会付诸实施吗？有没有花时间制订策略？有没有咨询他人？

看来你是想靠这个想法有一番作为了。祝贺你啊！在这个过程中，最难的是迈出第一步。

现在该做什么呢？你的动作要有多快呢？嗯，视情况而定。我和商业产生联系的时间很长，长得夸张，甚至在比做生意早了许多年。在我们创办维纳媒体公司之前，AJ 和我考虑了十到十一个月，以保证我们的决定正确。你可能会说，我们把这个想法搁置太久了。那时候，我们差点决定去创办一个出色的体育网站了。不过最后维纳媒体公司胜出了。

我和杰罗·杰里吃过饭，第二天，我们就直接创办了一个了不起的机构，是包装 Vine 上的明星的，名字叫作"葡萄故事"。

关键是你从不同角度审视自己的想法，提出一些重要的问题。如果你有个搭档一起决策，便应当不停地彼此交流，反反复复讨论你们的想法、关注点和主张，直到你们都对结果满意为止。

有一件事，是所有创业者都应该密切关注的，就是处理一个想法的时间进度。问自己（如果有生意搭档的话，也可以问他 / 她）：我准备好了吗？我有时间马上实施这个想法吗？我在商业生涯中最大的失败，就是因为我贪多嚼不烂。我曾经提过，我 2009 年忙得不可开交（孩子出生，创办公司，出书）。因为这些任务，我无法全力以赴管理我的红酒评论网站 Cork'd。我是在 2006 年买进这家网站的。它还没运营到 2009 年年底就倒闭了。

所以，要选好你的战役。别急着做任何事。规划你的人生，并确保这个规划能让你达成希望的目标。对意外的事持接纳的态度。在一个想法付诸实现之前，你永远不知道会发生什么。

➡ **要提升一个利润持续低迷的公司的业绩，什么是最好的办法？**

杰克·韦尔奇和苏西·韦尔奇在这个节目做客的时候，我回答过他们这个问题。我们对这个问题达成了一致。你需要新的产品，新的变革，以及新的角度。拿出你的资产，对它们加以部署，来发展业务——让生意比开始时好转，甚至有所变化也行。

我进入我父亲的公司时，公司的收益为三百万美元，我通过上述做法，没有花费任何开销就让总利润率达到了 10%。葡萄酒业是出名的难做生意，因为中间有批发商，拿走了零售商通常可以获得的 50% 利润中的 25%。我的办法就是针对这个问题的。我拿出去卖的都是低利润葡萄酒，把宝押在它们身上，这些葡萄酒是店铺的生意支柱。我卖了所有的低利润葡萄酒，比如圣·玛格丽特酒、肯达尔·杰克森酒，把它们作为市场号召力，吸引人们进入店铺。

低利润葡萄酒就像蜜糖一样。但是，我接着买下了店铺，建立了一个品牌。客户进入店铺，想买一瓶肯达尔·杰克森酒，我便推荐给他们一瓶另外的高利润霞多丽，因为它的品质更好。他们喜欢它。他们又会回来买。他们来店里的时候，又发现了其他高利润葡萄酒，也会品尝一番。你不妨用低利润产品改善生意，然后用赚的那些小钱做广告，从此起步。

> ➡ **有些青少年开播客，想要推广自己的品牌，据此创业，你有什么建议吗？我有很长一段有趣的经历和冒险历程，我怎样从中提炼出别人感兴趣的价值？**

你有流量吗？有粉丝吗？内容？吸引力？品牌不在乎你是 14 岁，41 岁还是 4000 岁，只要你做出成绩来。你起初可能会被低估，但业绩不会说谎的。即使你有七十一年的经历，它有趣吗？有人在乎你做了什么吗？

我会自觉地重视七十一岁老者的生活建议，但其他人不一定和我一样。因此，和这些人打交道，你需要解决的第一个问题是，如何交流才是最好的。你准备怎么讲故事？你想表演节目吗？写文章？写网络日志？推特？开播客？等到你完善了自己的载体，又将怎样把它变成钱呢？你可以卖广告、卖订阅、卖指导、卖内容。你可以组织一个社区，召开一个大会。讲述你的故事，树立你的信誉，把故事讲得有价值，建立你的品牌，然后把故事变成钱的机会就来啦。《纽约客》以前只是一个脸书上的页面，如今它成了一种文化现象，让作者布兰登·斯坦顿出书了。

我就是无须直接销售也能赚钱的典范。我的许多同龄人卖电子书或纸质书。我做的不一样。多年以来，我在大范围内传播自己的内容，以此创立了品牌。最终，我赢得了足够的影响力，人们愿意听我说，而且我可以拿时间换取不菲的收入。他们希望我写书，我可以把这些书卖给一大票粉丝。我有能力创办一个社交媒体公司。我坚持不懈地创造内容，并以此产生价值。你要做的也是这样的事。

➡ 我争取风险投资的时候，如何克服别人对我"太年轻"的观感？

如今，对于跻身商界的年轻人，我鲜少有同情心。二十年前，我们进入商务场合，唯一可以做的就是端咖啡。因为技术，这一切都改变了。现在，没有人会驳回一个年轻人，除非他手里没有产品。积累财富的秘密就是，把东西卖给愿意买的人。如果有人对你说，给你四十五分钟争取一项风险投资，你可以理解为他不愿投资，就结束交流，转身离开吧。你可以用多余的三十分钟做更好的事。如果那个办公室的人拒绝了你，就离开那儿，去证明他们是错的。

但是，我要对你强调一件事。如果有人对你说，不给你钱是因为你太年轻，不能实现你谈论的东西，其实他们在说谎。这个领域中，如果风险投资者信赖某个二十岁的年轻人，无一例外都会给他钱的。他们那样说是善意的，这意味着他们在你的想法或实践中看到了毛病。如何应对这种反馈，取决于你自己。

➡ 在你看来，年轻的创业者最大的问题是什么？

要指出这些问题，或许要耗尽我余生的时间。

好吧，我开玩笑而已。有点开玩笑的意思吧。不不，其实我是认真的。我看到许多"00后"表现出色。但是，许多人也犯了一个错误，在我看来，这个错误很容易让你们陷入被动境地。这就是：你们创办的公司，只能在市场环境最好的情况下才能运作。

这不全是你们的错。如果你们今年23岁，经历的上一次经济衰退就是在2008年，那年你们14岁。除了近几年节节高升的经济环境，你们还从未在其他背景下做过生意。你们被熏陶成和平时期的优秀群体。

这样问题就来了，如今的市场环境很难让年轻创业者形成强有力的商业理念。现在是很适合创业和销售产品的时候，但是，如果恶劣经济再一次卷土重来呢？最顶尖的商人，不仅在和平时表现出色，在战时同样如狼似虎。

所以，你怎样在和平时代做好战斗准备呢？开始考虑最坏的情况吧。想象一下股市崩盘。每个人都害怕投资，一下子把钱包捂得紧紧的，你要怎么办？

在你遭遇这种情况之前，便要未雨绸缪了。年轻的创业者们，如果你们想要公司经受住一切风暴，你们要做好这些准备：

1.组建可靠的团队。在快速发展期间，不要忽视了长期生存的重要性。对你的伙伴进行投资，褒扬他们的成绩，倾听他们的想法，做个好老板。这样的话，当恶风来袭，便可以依靠他们的技能、忠诚和知识把持住你的船。

2.提供好的产品。

3.保持一流的销售能力。

没有销售，你就会一无所获，不论环境好坏。要不择手段去建设一个最强横的销售团队。

年轻企业家们正在一个非常阳光的环境中经商。不要让它限制了你的能力。因为坏时候总会到来。但有一个好消息，就是好时候也会随后而来。然后坏时候又会回来。接着又被好时候赶跑。

明白吗？为任何可能的情况做好准备。只有坚毅的企业家才会登上绝顶，而且屹立不倒。

➡ 作为一个单干的企业家，我是否需要拓展生意到我一个人不能驾驭的程度？

这取决于你这一生需要什么。你是否满意了，赚到你需要的钱了？并不一定每个人都是好的管理者。有许多企业家拓展了自己的生意，却发现角色转变后，自己却不再开心。你不想赚了钱却丢了好心情吧。如果你的生意扩大了，赚到了钱，同时幸福指数也增加了，那才是美好的。我是幸运的——我感兴趣的东西带来了许多财富。但许多人和我喜欢的东西不一样。所以，找出让你幸福的因素吧，然后拓展你的生意，刚好能满足那些因素就够了。

➡ 新手销售员一般缺乏何种基本技能？

谁在乎这些技能呢？我关注的不是你没有的东西，而是你有的。因为，我有信心用你的长项赌一把。每个人都是不同的，每个人都会有一套不同的技巧。如果你想得到一个初级职位，便想想你手头有哪些技能可以为雇主带来价值，然后尽力把这些技能磨炼到最好。如果你参加一个面试，便要了解自己，利用全部时间说明自己能为某个品牌、公司、部门带来什么价值。有人会判断你的能力是否是他或她所需要的。

➡ 我想在 YouTube 上有一番作为，而我的父母要我去拿大学学位，如何协调这两个目标？

你毕业之后，人们可能会对你的毕业院校感兴趣，却极少、极少会有人问你的各科成绩。做好分内的事，达到学校毕业的所有要求，在其他时间集中精力创立你的品牌。这样的话，一旦文凭到手，你的父母就会晚上睡个好觉，而你也为成为 YouTube 之星的道路打好了基础，你会感觉很棒的。

➡ 如果你有备选方案，是否意味着已经把自己置于失败的境地？是否不该制订备选方案，以表示自己对第一方案的信心？

我支持制订一个过硬的第一计划，搭配一个特别实际的备选计划。你至少要考虑到，如果你的创业冒险之旅失败，自己要怎么办，否则你会发疯的。无论如何，你要吃饭的。对于许多人来说，解决方法很平庸，比方回学校读书、找个沉闷的工作上班，或者搬回去和父母一起住。这样解决是可行的。

你不应该凭借盲目的信念去执行第一方案。但是我觉得，有时候梦想破碎的人不一定对后备方案有兴趣。如果要我分散精力，然后看着别人成功，我宁愿把 97% 的精力投入到第一计划，3% 投入到备选计划。或许，许多谨慎行事的人会以 75%/25% 的比例投入，甚至对半开。这是通往死亡的路径。请原谅我用禅宗的口吻说话，但如果你对后备方案投入太多，你就是对失败投入太多了。

我的后备计划是什么呢？我有一个想法置于脑后，知道我总能养活自己，只要去车库拍卖会进货，然后去 eBay 卖掉。

不过，我说这个想法在脑后，意思是它非常弱势，在一个又深又黑的角落，我绞尽脑汁回忆那些没学过的西班牙动词时，就去那个角落挖。因为我一直肯定自己会赢，如果让我说大实话的话。

➡ 刚毕业就做营销是很难的，尤其是职位本身并不完善的时候。要怎样才能找到一个十分合适的工作？

什么是完善的营销职位？我只能假定你指的是最低级的普通营销，比如依赖于金字塔组织的 MLM（多级别营销），或者通过登录网页售卖昂贵的电子书，或者沿街叫卖未经审查的增刊。我知道你为什么觉得这种工作暗无天日，性质恶劣。

但是营销领域大都不是这样的。有许多名声响亮的营销机构和社交媒体在搜罗人才，所以你需要对求职的事重新定位、提高门槛。如果找不到优质的公司，不妨申请一个实习岗位来证明你的能力。在维纳媒体公司，我们可以让大部分实习生转正。我们在发展很快的时候会扩招，但是如果有人通过勤奋证明自己，我们同样会录用他。

许多实习岗位都是有薪水的。但是，如果你找不到带薪实习的工作，不妨考虑无偿工作，把它当成一个良好的契机。在这本书里，你会读到我的视频摄影师和导演——戴维的故事，它就是一个例子。不想白白出力吗？在我看来，如果你为找工作忙碌三四个月，倒不如无偿工作，比坐着不干活有价值。我告诉你价值在哪里。找一个半天制的无偿工作，你可以学习技能、创造人脉、学习工艺，以及获得雇主的关注（或者至少让她不好意思，于是把你推荐给另一个人）。除非你确确实实每天花十八个小时投简历、参加面试，你会有时间找到份工作，然后无偿贡献自己的专业能力。去找一份工作吧，把它当作敲门砖，把你的技能付诸实践。

我们都自视甚高。走出去，去赢得工作吧。

➡ **公关公司为经理人提供媒体培训，但质量参差不齐。有些公司态度傲慢，只是一次又一次地雇用同类公司做培训。我怎样才能获得做选择的客户青睐呢？（这些客户要么傲慢，要么觉得所有公关培训公司本质上都一样，所以看起来不太积极）**

首先，也是最重要的一点，你提的问题同样也是一个借口。我创办维纳媒体公司的时候，许多潜在客户习惯雇用其他更有资历的机构。每个行业都有市场领跑者——那是一些过去表现出色的公司，他们已成为其客户群的默认选择。你的目标是成为这些领跑者的一员，让客户自动奔向你。

因此，你首先要克服竞争的怨气，意识到你还玩得不够大，没建立自己的品牌。在我看来，你改变这个局面的办法就是多加努力、建立口碑。只管卖劲苦干，经历这个过程。

现在，既然你问如何赢得第一个客户，或许你还没有达到自己预期的目标。你要加把劲发展生意、网罗人脉、做广告，并输出产品。对于你这样以其他企业为目标客户的公司而言，这是经典的、行之有效的获取业务办法。把你的资料发到"邻英"和"在线幻灯"网站。去参加你目标客户举办的"青年企业家会议"和行业活动。或者，你只要进行电话冷访，提供足够低的价格招揽客户，这样他们以后便会因为你的工作质量推荐你。这真的，真的是明明白白的道理，最终要归结到实践上。如果你表现出色，会为你带来口碑，会成为诱导性"毒品"，让生意进入你的销售漏斗。

你可以说这些业内人士懒，但我觉得他们靠的是已经确立的声誉。

➡ **如何避免你的客户自己制订社交媒体计划？**

嗯，这很容易。这是一个延续性的游戏。我总会遇到这种情况，但我不担心。我对播客无所不知。我知道脸书的各种变化。我保证自己对于社交媒体永远比客户知道得多。如果要让自己成为不可或缺的角色，最好的办法就是比你的客户领先，总有新东西提供给他们。

对于第一代美国创业者，你觉得什么是最佳的选择？是否可以脱离家庭独自奋斗呢？

我有两点建议：

1. 要实际。你有多少钱养活自己？可以养活多久？你有没有足够的钱付一年的房租、开销（包括计划内和意外的开销）和企业管理费用？你需要有这些钱。

2. 要准备好牺牲。在你决定要创办一家公司的那一刻，就意味着你在将来一年要全力以赴创业，甚至将来两年。每天花费十八个小时，这段时间的每一分钟都要贡献给这件事。要让生意成功，便要牺牲和家人、朋友在一起的时间、假期，还有你曾经享受的所有爱好和活动。这个公司要成为你生命的全部，否则它就会以失败告终。

我想，许多单枪匹马创业的人低估了实现梦想的艰辛。

➡ 如果让你回到生命中的任意时刻，而且知道你现在所知道的一切，你会怎么做？你会在生意方面做何改变？

我很少想到这个问题。因为写这本书，我有机会回顾过去，考虑这个问题，这感觉很棒。我可能想回到二十世纪的最初十年，当时我在"谷歌关键词广告"买了"葡萄酒"和其他许多词。回想起来，我当时在"葡萄酒观察家"、广告牌和广播方面也投放了广告，我会把这方面 90% 的广告费省下来，全部扔到"谷歌关键词广告"中。当时大部分人对这个平台毫无关注，未出售的关键词大部分定价偏低，而客户对它们的需求情况却让我满意。即使在那个时候，谷歌上也推出了许多客户活动，以促成关键词交易。我感觉我有很多钱没赚到。正因如此，我在近几年才对脸书十分重视。但脸书终究也会成为历史的。

我想回到那段时间，还有另一个原因（这个原因我从未公之于众）。埃里克·卡斯特那和我在"葡萄酒图书馆"发明的许多办法——给购物车中放了东西却没有付款的客人发 Email，给在网站上搜索关键字的客户发 Email——这在五年后成了行业准则。而且，当时有一部分公司发明了相关制度，使同行可以运用这些方法，这些公司后来的价值也达到了五亿美元，甚至十亿美元。我的许多做法都很超前，如果我够聪明，不仅仅把它们局限于"葡萄酒图书馆"内部，而是把它们转化成产品或者服务的话，我现在可能已经买下纽约喷射机队了。

第三课

投资人都在想什么？

该从一匹"马"身上寻求什么，又该从一位"驯马师"身上寻求什么？

投资人都在想什么?

除了关于创业初期的问题之外,我收到的和投资相关的邮件可能是最多的。身为投资者,我有许多感触,而且这些感触是不断发展的。迄今为止,我可能已经经历过数以万计的交易,但投资者这个角色对我而言还是崭新的。我的投资生涯并没有循着传统路径发展。大部分成功的投资者可能都是从小处做起,犯过一些错误,然后在各处取得一些成绩,最后才找到主矿脉。我的发展轨迹却有些反其道而行之。

事情是这样的:我以前曾经感觉到,自己在许多事情上做法都是正确的,比如在电邮营销、电子商务、横幅广告和谷歌关键词广告等方面。后来有一天,我读到一则新闻:视频分享平台 YouTube——长期以来,我一直说这个网站会发展得很大——被谷歌以二十亿美元收购了。我忽然想到,比起多卖几瓶解百纳,这些"正确"的做法可能会让我多赚许多钱。因此我对自己承诺,不管我预料下一个巨头会是谁——有可能是数字化平台,但口香糖的可能性也一样大——我都会努力分一杯羹。后来推特便成了这个巨头。

2006–2007 年间,推特引起了我的注意。当时大家在争论,这样一个让你告诉大家自己正在吃比萨的平台有什么价值,我却把它看作一个将要改变世界的交流平台。我在推特上表现积极,因此和一些早期的推特雇员交上了朋友。后来终于有了一个机会,一个人决定卖光他的推特股份(谈感情伤钱啊),我花了一些时间劝阻他全部卖掉,然后便以吓死人的低价买到了一些推特股份。

在那之后,我便从中抽身,开始关注 Tumblr。我觉得它看起来颇为有趣,而且一个名叫刘易斯·葛纳科斯的中学生(他现在是维纳媒体公司的员工)告诉我说,他认识的每一个人都玩 Tumblr,我便知道它已经成为主流了。后来我和 Tumblr 的创始人戴维·卡普和前总裁约翰·马洛尼交上了朋友。他们当时正在寻求营销方面的策略,而我在 2008 年之前就已经在这个领域有一定名望了。因此,我有机会以一个低得荒谬的价格投资它的"D 轮",后来雅虎用十亿美元收购 Tumblr 时,我的投资便得到了可观的回报。

此外,那时我和几个脸书的员工已经结识了两年。在那段时间内,脸书公司的老板有一个家人决定出售股份,于是我用极低的价格收购了股份,投资了脸书。

因此，在一段短得不可思议的时间内，我进行了三项投资，它们后来都为我带来了巨大的利益。我起步得轰轰烈烈，这可能就导致我后来倒霉的时候，也难免要经历一个漫长而艰难的谷底阶段。要知道，对优步投资的想法开始成形时，我正和特拉维斯·克拉尼克（译者注：即优步创始人）、加瑞特·康普坐在一个房间里。还有另外一个情况，你或许不知道吗？不妨来看看我写的书《粉碎它》"鸣谢"章节中倒数第三行内容吧。

最后，如果没有来自哈普出版社的了不起的团队，您将要读到的这本书就不会有福气出现在您面前。黛比·斯蒂尔是个了不起的人，她曾经在一次会议上听到我讲话，因此决定为我出书；她是对的，在本书出版的过程中，她付出了友情、激励和努力，因此她在这本书中凝聚的心血是和我一样多的。此外，这个项目开始的时候，我第一次去鲍勃·米勒的办公室拜访他，并在那里闲叙消遣。从那以后，他的远见便让我在写作上受益匪浅。至于史蒂芬妮·兰德，我是在田纳西州的奥斯丁见到她的，在我见她的第一秒，我就知道她会帮我写这本书。我能从她的脸上读到这一点。我知道自己的魅力和魄力不足以胜过她，但她了解我的能力后，便加入了我的团队。我还要对布鲁克集团的女士们致以最特别的谢意，卡洛琳、尼基、布里克，当然还有丽贝卡，你们是最棒的，我感谢你们一周七天、每天二十四小时加班加点的工作。对于彼得·克莱恩，我想说的是，您不仅是一位了不起的岳父，还运用您的洞察力帮了我很多忙。最后还要感谢特拉维斯·克拉尼克（Uber 创始人），他在出版工作的后期给了我精彩的反馈，如果没有这些深思熟虑的评论，这本书就不会有现在的面貌。

对于所有这些人，我都怀着深深的谢意。

我还是和天使擦肩而过。

两次。

如果我对它做了投资，可能会让我的生活发生翻天覆地的变化。这肯定会让我离"买下纽约喷射机"队这个目标更近许多。有一次，我答应维纳团的粉丝们，如果有人能够猜中我身边桌上一个大玻璃罐里的杏仁数量，我就请他们来纽约玩，还让他们在某一集节目中坐在我身边。从那以后，我就把这个投资事件称为我的"一颗杏仁时刻"。

当时，在罐子里有 1424 个杏仁。

一个名叫 @BoostLacrosse 的粉丝猜的是 1423 个。

接近了，但还是不对。

幸运的是，特拉维斯后来又给了我一个投资的机会，而且我抓住了它。我相信 @BoostLacrosse 也不会让下一次大机遇溜走。总会有人再往罐子里装杏仁，等到这个机会来临时，你就可以再试一次。

我从自己的失误中吸取教训，后来幸运地加入一个名为"超级天使"的小团体。这个团体的成员都有一定的个人知名度，比如凯文·罗斯、克里斯·萨科、杰森·卡拉卡尼斯，他们都在寻找投资的机会。后来，我对野火公司、鸟箱公司等企业进行了不错的投资。在 2013 年底，我终于和斯蒂芬·罗斯、马特·希金斯、以及我弟弟联手创办了一个创投基金，它的名字叫"维纳RSE"，价值两千万美元，是一个向初期网络媒体公司投资的种子基金。而你读到这本书的时候，我很快又要拥有另一个基金，它的名字叫"维纳资本"，是一个针对成熟期公司的创投基金。

我一直在观察和学习，而且我觉得我们正生活在一个有趣的时代。我见过很多创办不久的公司去尝试投资，然后便把所有时间花在下一轮融资上，而忽略了营建自己的公司。在投资界，似乎存在着一种令人不安的急躁和混乱，这种状况发展到了颇为严重的程度，以至于让我改变了考虑商业问题的方式。实际上，我一直对许多公司提建议，请他们重新考量进入风险资本的问题。投资肯定是有用的，但我认为这会让人们变懒。有些公司的创始人则通过小本经营的方式创造了非凡的业绩，为了推出最棒的产品，他们洒下了点点滴滴辛勤的汗水，在那之后，他们才开始考虑利用风险资本赚钱——这才是我欣赏的那类公司。

企业家在转型成为投资家的过程中，经常要费一番力气。我们对于导演节目已经如此习惯，突然之间，我们却需要抽身退步，看着其他人充当指挥。这不是一件容易的事。起初，我甚至没有认识到 "驯马师"们可能完全把一个投资项目搞砸。我觉得他们骑的"马"已经算是神奇兽类了，他们只要好好骑着就万事大吉了。伙计，我那时想错了。

因此，当我们考虑是否对一个项目投资时，不仅要让它在纸面上看起来很出色，而且要保证它交付到优秀的运营者手中。

➡ **你说过，你有时对"马"（公司）投资，有时对"驯马师"（创始人）投资。你在这两者身上寻求的分别是什么？**

我要相信你所在的市场具有优势，然后才会信任你的创业公司。

因此，我在寻找一匹"马"的时候，我便是在寻找经营理念或想法会在两三年之后获得广泛认可的企业。在 2006 年和 2007 年，这种企业是社交媒体。现在，我对社交网络和应用软件关注得少了，更多的是在寻找智能技术相关的企业。比如说，有没有人能够生产出一款牙齿完全清理干净之后就会停下的自动牙刷，从而取得成功呢？或者说，智能短裤？有没有人会在电子体育领域大展拳脚？我还认为，现在有不少公司试图把我们身边的一切都改造得更加健康，所以大众消费品市场也有巨大的潜力。我对移动商务也挺感兴趣。虚拟现实领域也不错。我一直在观察潮流。因此，我在审视"马"的时候会跟着直觉走，而我的直觉很少辜负我，它会帮助我看见那些正在赢得助力，而且会很快成为主流的东西。

在职业生涯的目前阶段，我花在审视企业总裁和团队上的时间已经越来越多，尤其是考虑对初期企业进行投资的时候。"驯马师"的外表和身材各不相同，其种类甚至比"马"还要多。企业家在转型成为投资家的过程中，经常要费一番力气。因为我们对于导演节目已经如此习惯，突然之间，我们却需要抽身退步，看着其他人充当指挥。这不是一件容易的事。我刚开始投资的时候，我高估了所有和技术相关的公司——哦，你有发展的潜力呀？够酷！当时，我还一直在寻找看起来和自己类似的人——你善于经营吗？你渴望成就吗？你有竞争力吗？后来，我就开始寻求具有成功商人特质的人——经营能力、激励能力、理财能力——而且我意识到，我没必要去寻找自己的克隆体。我开始多花时间了解"驯马师"的能力。我希望能够保证他们有足够的自我认知，能够去团结那些可以弥补他们弱项的人。我还希望了解他们是否有商务方面的天赋。如果有些方面出问题了，或者时局变得艰难，他们知道如何把公司运转起来吗？他们能不能既当好战争时期的将军，又当好和平时期的将军？过去的七年是创业者的繁荣时期，但没仗可打的时候，当一名将军并不困难。而战时的将军需要应付的是即将崩溃的经济、濒临枯竭的资金和大量的竞争对手。如果"驯马师"不能做到，我投资时就会三思。

➡ 在投资互为竞争对手的公司时，你有什么原则？

我作为 Gowalla 公司投资人的时候，曾经有一个机会去投资四方网，但我没有去。现在同行之间互相竞争的成本比以前小多了，但是对一个直接竞争对手进行投资，看起来却是一个混账的做法。我们要调整投资的时期。但在我看来，更大的问题发生在公司发展期间。我投资的一些公司现在没有竞争关系，但作为一个企业家，我能看出它们只要进行一点变革，就会跑到同一个轨道上去。

那时候我该怎么办？

对于投资，普遍适用的方法只有一个：拿出开放、诚实、善意的态度，而且要明白我在上一段描述的情况是有可能发生的。我避免这样的投资，而且建议你也要避免，只因为一个理由：如果你习惯这样做，就会影响你的声誉，没人会和你做生意。而你如果赢得一个令人信赖、诚实透明的好名声，那各种机遇都会找上门的。所以，就把这个念头搁置起来吧，我对这种做法是非常没兴趣的。

➡ 你谈论过很多新兴的公司，还预言它们会成功。你是从哪儿找到这些公司的，是通过什么方法找到的？

我每天都做以下三件事，你也可以跟着做：

1. 阅读杰森·希尔施霍伦发布的简讯《重新定义》（*REDEF*）。希尔施霍伦是我们这个时代最伟大的管理者之一。

2. 开始关注一个名叫 Techmeme 的信息整合公司和一个名叫 Re/code 的博客。此外还要申请一个 Nuzzel 账号。我每天都浏览自己的 Nuzzel 账号。

3. 这一点是我使用的最好的方法：我每天早上都登陆 iTunes 应用商店、点击软件列表、查看排名前三的付费软件，以此对脱颖而出的新事物保持一种认知。我见过许多像 Yik Yak 和 Snapchat 一样的大型社交平台，它们就是通过这种渠道在 Techmeme 和 Re/code 开始报道它们之前就蓬勃发展起来了。

➡ 你通常会因为什么理由放弃巨大的机遇？

我的直觉。因为直觉，我才会放弃那些纸上谈兵的机遇。我不擅长分析式的思考，不能时常通过数据发现好的投资项目。我只会感受和观察，如果我觉得哪个项目不好，我就不会去投资。我想，读到这段话的读者中，应该有更多人尝试在数字感和直觉中间获得平衡。这既是一门科学，也是一门艺术。如果有人对你说不要放弃巨大的机遇，那这个人要么是既得利益者，要么就是不懂得其中门道。

➡ 你如何在风险和回报之间取得平衡？

我向来重视回报多于风险。我对猫鼬网投资的时候，Periscope 显然会在那一周之内面世，而且它有推特基础设施支持的优势。实际上，在我投资之前，推特还在网站内关闭了许多猫鼬网的病毒性营销。但我没有盯着出问题的地方，而是关注猫鼬网在举措得当的情况下会获得的成绩，他们的优势是很大的。我当时没有担心，就是因为猫鼬网有巨大的优势。还记得脸书曾经试图利用 Poke 拖慢 Snapchat 发展这件事吗？ Blockbuster 曾经试图挤跨网飞公司，而沃尔玛试图过碾压亚马逊。一个行业的佼佼者如果去尝试其他领域，并不总是会成功。

➡ 如果想让一个刚起步的创业公司从竞争中脱颖而出，专利能发挥多大作用？

以前，我曾经发自内心地反对完全靠专利去竞争，但我太傻太天真，还没有意识到这种做法其实有一定意义。在过去五年中，便有许多公司出售了自己的知识产权和专利，从而让公司有了巨大的改变。但作为一个投资者，我并不需要这类东西。实际上，在谈判过程中，如果对方说他有专利，我的下一个问题经常就是："究竟是专利，还是申请中的专利？"几乎所有的回答都是"申请中的专利"。但是，除非相关文件已经完成，否则申请中的专利就没有任何意义。大部分人把它作为一种噱头和手段，好把公司的东西卖给我，而不是把它当作一种有意义的东西。比起纯技术化的产品，我通常对贴近消费者的产品更感兴趣，因此专利对我的价值没有那么大。

➡ 你为什么不对宇宙、生物技术和生命科学领域投资？

因为我从高中四年级起理工课就不及格。我认为，我们要投资的领域，必须是自己有直观感觉的，或者是利益和自己的知识能够相匹配的，这一点非常重要。但是，我和科学就不在这个范畴内。在这些领域，我做起事情会像闭眼射击一样。因此，我一向对它们敬而远之。

➡ 地理环境会影响你的投资决策吗？有没有哪个创业人或者公司的位置对你来说是比较重要的？

我对这个问题做过一些考虑。我有一些同龄人在硅谷工作，他们完全只投资硅谷的公司，我对地理环境的重视便不如他们那样强烈。我深信出色的公司可以在任何地方创办起来。脸书是在波士顿创办的。品趣志是在宾夕法尼亚州创办的。而 Snapchat 则是在洛杉矶创办的。为什么一个公司就非要开在硅谷不可呢？对美国中部、柏林、亚洲各处发生的了不起的创业故事，我都怀有同样浓厚的兴趣。

有些公司需要沉重的基础设施，只有在这个情况下，地理位置才会成为一个考虑的因素。而接下来，我可能就会觉得他们最终要搬去旧金山，因为那里是开发商的聚集地。此外，当我审视将要进入欧洲市场的美国公司，或是将要进入美国市场的欧洲公司的时候，也会考虑地理因素，主要是因为他们对于将要渗透的市场都非常缺乏了解。

但是，在大多数情况下，"驯马师"和"马"都比赛场位置重要得多。

➡ 中国经济发展可能带来的变化和美国的宏观经济环境是否会影响你对世界局势的看法？

2005 年前后，我首次涉足投资领域，当时相关的公司虽然由相当优秀的老牌企业家经营，估价却都只在二百万至三百万美元左右。现在，初出茅庐的年轻人拿到八百万至一千两百万美元的估价，都已经不是什么新鲜事了。这是强劲的膨胀，只有在利好的局势下才会出现。

在你读到这本书的时候，我还没有什么方法去了解中国市场的走向。但是，世界前四名的经济体如果出现了不稳定局面，尤其是像中国这样数一数二的经济体，那肯定会影响我对投资的想法。如果股市崩盘，脸书和谷歌的价值只剩现在的一半，那些把这两个公司作为晴雨表、而现在又在争取高估价的公司恐怕就要被抛弃了。不稳定的后果肯定会形成涓滴效应，一路向下传递，最后影响到投资领域。

➡ **你以后会不会出现在 Circleup 或天使名单之类的企业联合组织平台？**

我有天使名单的账户。我尊敬这个平台，它是一个很棒的地方。但是，我倾向于把自己的交易数量削减并且提高质量。虽然我自己觉得这些平台没有发展迹象，但我鼓励这本书的读者尝试这些平台。天使名单上有许多有意思的内容。

➡ **在投资的不同阶段，企业应该期望投资者做些什么？**

期望是危险的。每个创业公司和投资者之间的关系都各不相同。有些投资者很爱管事，有一些则是甩手掌柜。而且我一次又一次地听到创业者们的埋怨，这两种投资者都被埋怨过。

理想情况下，创业者和风险投资者应该就各自的期望事先进行一次对话。我着手扩大"维纳 RSE"的时候就是这样做的，当时维纳媒体公司甚至还在继续高速发展。我和投资者进行了许多对话，内容都是差不多的。我会告诉他们，我可能算是主心骨，但我的员工会比我参与的多得多。95% 的人在这方面都可以表示接受，但有一小部分人并不同意。不过那也没有关系。对我而言，声誉和诚信形象比任何交易都珍贵。我曾经放弃了一个投资项目，现在它发展得非常好，但是当时我觉得要做这项投资，我每个月需要投入许多时间，但是我做不到。无可否认，看到它发展得这么好，我心里不好过，但我能坦然面对自己的决定，因为我知道自己没办法达到那个公司的要求。在投资过程中，重要的是每个人都要安排好和自己相关的各种因素，而且不能做出过分的承诺。

➡ 当公司的估值达到十亿美元时，是否应该让创办者继续经营下去？

完全不是。实际上，我想说明的是，在公司达到这样的规模时，创办者们几乎都不应该继续经营下去了。如果从旁观者的角度审视本·希尔弗曼和马克·扎克伯格如何把他们的企业从创办初期经营到十亿美元的规模，我们会看到，这个过程是令人印象非常深刻的。显然，他们是可以继续经营的，但却已然成为门外汉了。

白手起家把一家公司发展到千万美元市值（更不用说到十亿美元市值），在这个过程中所需要的各种能力，和经营一家已经达到这样巨大市值的公司所需的各种能力，是有巨大差别的。我和一家公司做过生意——这是我最成功的交易之一，而这家公司的创始人已经不再经营了，因为公司经营的范围和规模更新了、扩大了，他无法再胜任。而聘请到有经验的总裁之后，公司也的确实现了爆炸性的发展。如果由创始人照管，这个公司简直就会倒闭，但是现在它已经拥有几百万美元的市值，而且朝着巨无霸的方向发展了。我甚至不敢肯定，自己能不能经营那么大的一家公司。我或许能够经营一家价值五亿美元的公司，但是到了十亿的级别，需要的各种能力就不一样了。你应该了解自己擅长做什么事。

第四课

好领导是怎样炼成的?

想要真正高效地领导别人，唯一的方法就是以身作则，率先垂范。

领导力意味着什么？

我怀疑，我的职业生涯快结束的时候，我最想谈论的话题就是领导力。我年轻的时候，自然而然就拥有了这种能力。尽管我对自己的领导能力和效能颇为自豪，我还是每天磨炼这些素质，它们成为我个性中日益发展的一个方面。在这一章里，我要谢谢我的员工，他们的聪明才智和辛勤努力鞭策着我，让我得以提升对自己的要求、磨炼自己的能力。他们为我提供了机会，让我的领导能力得以提升，而且提升到一个比我想象中高得多的水准。

我的领导思路很简单：公司中的方方面面事务都是自上而下传递的，不管你是三人团队中另外两人的领导，还是五百强公司的老板，这个道理都适用。不管一家公司里发生了什么问题，百分百都是总裁的问题。不管员工做的事是好是坏，归根结底，都是因为总裁把他们安排到了相应的位置上。有些公司更换了总裁，便由盛转衰，而另一些则否极泰来，这些都不是偶然。领导可能是成功经营一家企业的最重要因素。

因为社交媒体的出现，如今的企业领导面临着前所未有的挑战。这个职位的性质已经被完全改变了。你以前可以——不，实际上是人们想象中的可以——高高在上地高谈阔论，提出自己的意见，而且对任何反馈都无须在意——当然这些反馈都不是实时的。但是，现在的沟通渠道让每个人都可以发表意见，你身居高位时说的任何话语都可能引起别人的反应。这些反应可能来自公司内部，也可能来自社会大众。事实证明，对有些领导来说，去适应这种改变是一种挑战，尤其是某些资深的领导。

要想真正高效地领导别人，唯一的方法就是以身作则、率先垂范。正因如此，有一年冬天我才在圣诞节抢购的高峰期出门，冒着暴风雪沿洲际公路开车赶路，只为了给客户送一箱被耽搁的"白仙粉黛"葡萄酒。我知道员工们都在看着我。如果我自己不能多跑几里路，就不能要求他们这样做。如果说每个企业的特质都是自上而下传递的，那么领导层就应该保证其价值观、信念和态度能够润物无声，从而建立企业文化，并塑造出一个富有成效的、创造性的，甚至是快乐的环境。

好领导的一个特点是善于提问。如果想告诉团队成员，你觉得大家不仅仅是分工协作的关系，这是最好的方法——"嗨，情况怎么样？""你刚出生的宝贝还好吧？""你最近高兴些什么啊？""你有什么想法可以一起讨论吗？"这也是解决问题的最佳途径。你要问过一大堆问题，之后才能给出解决方案。比如说："为什么我们的进度落后了两个礼拜？""你为什么觉得是这个问题？""你需要什么？"还有，看在上帝的分上，请注意倾听。要有同情心，态度要公正。你还可以雇用具备这些能力的人。要对员工的成绩不吝表扬，至于想斥责他们的时候，就回想自己搞砸过的事情。还要记住这一点：那些错误都和今天的自己有着千丝万缕的联系。杰出的领导不是与生俱来的，而是锻炼出来的。

我想这一章里有不少有价值的内容。读完之后，请对着镜子，想想自己有哪些事做得不够好、怎样才能做得更好。如果你有创业的抱负，就必须把领导力当作成长的一个主要内容。我之所以能在职业生涯中取得一些成绩，是因为有一些制胜的法宝，它们会在以下问题中体现出来。

➡ 在创业方面，你父亲教你的哪个道理最重要？

我父亲只告诫过我一次，这个道理却是无比重要的：

说话要算话。

我父亲在新泽西州春田市开了一家葡萄酒商店，我开始在那里打工的时候，还没到喝酒的法定年龄，但这根本不耽误我成为一个成功的葡萄酒推销员。这不光因为我能背下《葡萄酒鉴赏家》里的每一个字，还因为我有一点与生俱来的狡猾魅力。在我接手商店之前，我还有点卖弄小聪明。当我卖棒球卡的时候，经常把它们夸得天花乱坠。或许，这没什么好奇怪的；但其实推销技巧和坑蒙拐骗仅有一线之差。但是，我爸爸会教育他商店里的每个人，如果有人尝试跨过这道红线，后果会很严重。

我父亲教会了我，一旦做出了承诺，就要做到一诺千金。如果我下了五十箱葡萄酒的订单，那无论发生什么情况，都要把这些货品处理好。如果市场发生了改变，或者这些葡萄酒评级不理想，我也不能撤单。一旦接受了，它们就是你的了。买了就是买了，吃了就是吃了。

这些道理把我塑造成今天的男子汉。知道了这些道理，我便明白如何把自己的魅力用在好的地方，以及要取得成功，不需要走捷径或打压别人。因此，我这数十年来都能和别人保持良好的生意伙伴关系。虽然高姿态的人有时在短期内赚钱少一些，但总会得到长期的回报。马拉松的价值真的高于冲刺。

➡ 如何改造根深蒂固的企业文化，使员工真诚地关心客户？

维纳媒体公司发生的每件事都应该由我负责。我指挥每个员工一起建立我们的企业文化，所以我要对这种文化负全责。如果我失败了，就意味着我们都失败了，所以我忙得脚不点地也要避免失败。不幸的是，并非所有人都是这样想的。有些领导掌控着颠簸船只，可能却想找借口。他们会说，公司中存在一些因素，使他们必须采纳现在的企业文化。这是废话。谁在操纵着这些因素？就是领导层。不管怎么分工，一个企业的文化都完全取决于管理者。

因此，当企业文化面临绝境的时候，只有一种方法能够改变——剪除领导层。

你见过刚刚修剪的玫瑰花丛吗？它们看起来仿佛发育不良，光秃秃的像灌木丛，好像被弄死了一样。六个月以后你再回来，看，枯死的老枝旧叶被剪去后，玫瑰花丛正以最佳状态生长。它起初看起来挺糟糕，但是新枝嫩蕾生长的速度令人惊叹。在修剪几周之后，一丛玫瑰花就会变得繁花满枝了。

现在，你可以集中精力做一件事，而且必须把它做对——你要从一个特定的角度去修剪花丛，以保证花朵向着正确的方向生长。至于其他的注意事项，那些更关心玫瑰的人会去处理的。我的观点是：有时你要首先去除陈旧过时的因素，才能给更好的事物一个机会，让它们兴旺发展。而这个道理同样适用于经商过程中遇到的陈旧、过时的观点和方法。

显然，我建议的不是杀人，那么你该怎样"剪除"一个公司的领导层，好让新的文化有发展空间呢？你可以直接向当权者表达自己的关切，然后祈祷他们足够开明，能够从善如流。你也可以和公司内有影响力的非领导人士交流，希望他们能担起这份责任。你也可以在自己的职权之内尽力而为，努力地在公司里崭露头角，然后就可以获得更大的职权和影响力。

如果你是在一个家族企业工作，或者在一个新任总裁手下工作，没有改变的希望，那又该怎么办？那就走人吧。不好意思，还真没有别的办法了。

➡ 你有没有偶像，或者激励过你的人？你有过导师吗？

我没有崇拜过任何所谓的商界偶像，但是我一直仰慕两个人——华尔特·迪斯尼和文斯·麦克马洪，后者是摔角手和WWE公司的总裁（WWE公司即世界摔角娱乐公司）。这是因为，他们都善于自我推销，并且把自我推销转化成了生意。但是，迪斯尼在我出生之前就过世了，我和麦克马洪也素未谋面，所以也不能把他们当作真正的导师。在我的生命中，只有两个人是我真正崇拜，而且奉为导师的：教导我为人处世和生命意义的塔马拉·维纳查克，以及教育我懂得工作原则、荣誉和毅力的萨莎·维纳查克。

➡ 作为一个领导者，你会不会因为什么事辗转难眠？

我每天最担心的事情，就是自己和家人的健康。只要我爱的每一个人都健康，我就无所畏惧——不畏惧任何周遭环境、可能的市场变动和竞争，当然也不畏惧公司内部的问题。看吧，有些人可能会反对"一个公司是其领导的直接反映"这个观点，但我却十分赞同这个观点。所有和我公司有关的东西——我们如何在特定的环境中进步，如何应对起伏变化的市场、如何和竞争对手周旋，又如何处理内部事务——都在我的掌握之中，所以我不会担忧。我希望你听进这些话。一个领导应该做到智珠在握。如果你晚上流着汗睡不着，便要对此采取措施。

➡ 你是否曾经抱怨过？

我儿子有一阵子总是爱抱怨。不过那时他正蹒跚学步，所以这种状况没什么不正常，但是他长大一点后，我慈爱地看着他、希望时光能够倒流的时候，却不会希望时光倒回到那个阶段去。这是因为，如果有什么事是我在本质上表示反对的，那就是抱怨了。

这种情绪有任何价值吗？我很幸运，很早就从母亲那里学到了这个道理。我发誓，她这辈子从来没有抱怨过，而且她是一个移民，五岁时就失去了母亲，从苏联来到美国，所以说她的生活并非总有阳光和彩虹。每个人的生活都是这样。我的观点是：问题总会发生，生活不公平也不完美，抱怨于事无补，只有行动才有用。

此外，我还是老板。如果只有一个人能解决问题，我就必须是那个人，因为我是总揽全局的人。因此，我是这么做的：评估问题，寻求解决方案，然后采取行动。我还尽力鼓励员工也遵循这一过程办事。我想有些员工一开始会觉得害怕。我告诉他们，他们尝试某个观点或解决某个问题的时候，不用来征求我的许可，只要运用自己的最佳判断就好。我真的是这个意思吗？其实，我是要他们抛去资历不足的顾虑，也不要再跟着别人亦步亦趋，只要直面问题、解决问题。他们一旦开始这样做，游戏就改变了。他们就会令人刮目相看了。

这样的情况出现后，你，作为一个领导，可以对这份成绩进行估量。你要让别人取得突破，帮助你解决问题、开疆拓土、传播你的理念。这种情况下，工作会飞速进展。

积极向上是一种心态。蜜糖的效果远远胜过醋。许多年以后，我儿子才会明白这些道理的意义，但是我知道，当自己把这份来自我母亲的智慧教授给他的时候，就是给了他一把开启光明远大前途的钥匙。

➡ 你在什么情况下觉得最舒服？

我平时努力处理千头万绪的事务。在发生问题的时候，我会感觉很棒，因为我会保持冷静和淡定。有趣的是，我又讨厌淡定。即使是纽约这个城市，在我看来，节奏有时也太慢了。只要我一跨进维纳媒体公司，我就会让人打开音乐，因为空气里有嗡嗡声和节奏的时候，我的情绪就会亢奋起来。我每天料理的事务繁多，多得令人不可思议，别人对我提出种种要求，这些要求会让某些人崩溃，但我喜欢这种生活。它就是我的"兴奋剂"。我需要的就是行动。

➡ 如果请你对大家教授一个你学到的道理，你会教什么？

我父亲曾经交给我说话算话的道理。这一课很关键，而且从我的个性考量，它对我有着独一无二的重要性。

我想告诉大家一个普遍适用的规律：深度比广度重要。

这就是说，有意义、有所考虑的行动，即使是最微小的，其价值也胜于没有意义和考虑的大动作。

信不信由你，我对这本书的许多读者都有关注。虽然我不能再像以前一样，和每个向我打招呼的人交流，但是我确实每天都在努力做到这一点。只要我不在开会、写作或者照管公司，我就努力地和网上的粉丝深入交流。我在为帖子点赞、写留言、写回复和打招呼，尤其是在 Instagram 上（账号是 @garyvee）。我希望能让你停留一小会儿，让你知道我在注意你，即使我要因此花一些时间也没关系。如今，发送一条推特还是能引起别人重视的，而且其重视程度出乎我们的意料。

不幸的是，许多社交媒体依然在追求广度——他们寻求更多的点赞、分享和销售行动，他们用尽办法增加粉丝或追随者的数量，却不注意交流的质量。他们想吸引别人注意，但是却不想反过来关注别人。不，以点赞换点赞、分享换分享，这种做法没有意义。这是垃圾办法，其中没有思想，也没有实质。

我呼吁大家：挖掘深度。请走出去、向别人提供价值，并亲力亲为地互动。

➡ 你如何保持前进的动力？你又如何保持其他人前进的动力？

第一，我喜欢自己的工作。我喜欢一个超过五百人的大公司在人力资源上遇到的困境、各种难题、折磨，我喜欢和生气的顾客打电话，喜欢这一切。当你知道每一天做的事情都让自己离目标更近的时候，保持动力并不难。

第二，我每天都保持感恩之心。我出生于二十世纪七十年代中期，这是苏联历史上的非常时期，它和十九世纪中期、二十世纪四十年代的苏联都不相同，我因而有机会来到现在的国家，我因此觉得自己颇为幸运。而我对自己的父母、妻子和儿女也都心怀感激。福祸皆自取，我又有什么好抱怨的呢？感恩之心带来的力量是令人惊叹的。

对于如何激励他人前进这个问题，在"听听加里怎么说"的 109 集，传奇人物汤米·拉索达给出了答案。他是一位自始至终表现出色的棒球经理人，同时也是一位激励大师。他清楚地制订出一套方法，这套方法对他自己和他的团队都是行之有效的，因此我觉得颇为有趣。

一个领导应当把激励员工当作一件头等大事。我已经说过，我相信榜样的力量，领导者不仅要在开会的时候表现好，而且应该在日常的每一次互动、发送的每一份邮件，甚至每个姿势上都要做好榜样。我希望能在自我管理和生活态度上以身作则，激励人们努力工作、并做到最好。

如果只是把自己的事情做好，并希望别人吸收你释放的能量，这还是不够的。你还需要关注他们。每个人都有不同的需求和目标，一个激励法对某种人管用，换一个人就可能失去效果。有些人为儿女而活，有些人则完全专注事业，有些人则需要不停地接受挑战，否则就会厌倦。我公司的每个员工入职后，我都会在最初一两个月内单独与其见面，而他们在维纳媒体公司工作的时间内，我自始至终都努力去了解他们。我询问他们的人生目标，认真倾听，找出他们动力的源头，然后把他们放在相应的位置上，让他们觉得如果高效努力地工作、自己就会成功。我也认识到，人是变化的，因此我要让员工们明白，如果我的方案不正确，他们可以随时来找我，说明他们的需求发生了什么变化、我又该怎样帮他们变得更有效果和成绩。如果员工知道你支持他们达到目标，就会更乐意运用自己的勤奋和才能，同时也会让你更接近自己的目标。

➡ 对于向领导角色过渡的人，你有什么建议？

向一个经理或领导角色的过渡过程，其挑战性可能会比真正履职还要大，这一点倒是令人奇怪。这并不是因为你以前只是执行命令，现在却突然发号施令，而是因为每个人都在等你的回答，他们要看你的反应才会行动。

在这种情况下，我建议要像运用领导技巧一样多多运用理解和感情，这样便能鼓励你的员工自己担任领导的角色，对自己的工作产生主人翁精神。比起指挥别人，这件事的难度要大得多，但是最后的益处和效果也大得多。

此外，要接受现在你把握一切的事实。这意味着，如果有时候你的员工的表现不尽如人意，你就要承受这份责任。如果出现了问题，老板却把麻烦推给员工，那没人会喜欢这样的老板。你要尽力而为，来赢取他们的信任和尊敬。要把团队支撑起来，不要推卸责任，这样才能赢得他们的忠诚和尽心竭力。说真的，这难道不是一个领导所能期待的最好的东西吗？

➡ 如何把灵魂和活力注入物质化的产品？

你自己有灵魂和活力吗？你雇用的员工有吗？如果有，那么你的产品就一样会有。当总裁离职后，品牌或产品就大不如前，这种情况出现过多少次了？下一位总裁不一定就不优秀、不能传承这份活力，但是这取决于他或她的天赋。有人问我，是否担心自己可能在维纳媒体公司营造了一个史蒂夫·乔布斯式的"现实扭曲场"？好一个拍马屁的问题。有些人可能不知道"现实扭曲场"，这个词汇是用来描述已故的史蒂夫·乔布斯对他手下设计师的一种吸引力。他仅仅依靠个性和魅力的力量，似乎就能化解员工对于他战略和计划的任何疑虑和问题。我知道自己动机纯粹，因此没有你说的担忧。当然，我可能也会制造一些扭曲。大部分领导的职责是让大批员工围绕共同的目标进行合作，所以我们必须这样做，而且用意都是好的。

➡ 你会不会犯什么重复性的错误？有什么办法避免吗？

我总是一而再再而三地犯自己固有的错误。

知道为什么吗？因为我后悔——真心、真心地后悔——自己犯的错给团队惹来了麻烦的同时，我其实乐在其中。比如说，团队给我带来的工作量总是超过我能承受的水平。我经常成为瓶颈，让大家的速度都慢下来，这给他们增加了压力。我确实努力改进了，但这种情况日复一日地发生，因为我更愿意承担任务，这超过了我对作为瓶颈的厌恶。

而且，如果我彻底坦诚的话，我会承认自己不会花精力去纠正这些错误。我不想关注自己的弱项；我想发挥自己的长项。我也用同样的方式要求身边的人。我对自己的团队信心十足，所以我要努力去想，才能想到一些我们不擅长的事。肯定有一些事情是我们不擅长的，但我不会把时间和精力花在这些方面，所以不能真正算什么问题。

有些人可能会觉得这是盲目任性，但是我认为，"发挥自己的长项"这个策略，可能是现代商界最受低估的一个策略了。在家里的时候，你要注意避免错误和弱点，免得自己和家人受伤害。但在商场上，当你是企业家和老板的时候呢？那就不一样了。

➡ 你喜欢和同一类型的人相处，还是和不同类型的人相处？

几年以前，我发现一些朋友喜欢和说"是"的人交往，于是我对他们疏远了一点，免得自己步他们后尘。我知道，我有时候太坚持自己的观点，把同一房间的人逼得都快窒息了。我真内疚啊。但是，我确实看重别人的观点。一场货真价实的辩论，就像一个"互相标榜学会"一样迷人——有时候甚至更迷人。我一向多话，那些和我一样的人也多半如此，我也倾听了他们的很多意见。实际上，我总是在关注和倾听，所以我说话的时候，通常都是在分享我收集的内容。我可不是为了听自己悦耳的声音才去说话的。

所幸，我没见过多少和我同类型的人，我们这类人为数不多，这对这个世界可能颇有好处。实际上我觉得，随着年龄增长，我会越来越喜欢不同类型的人，并通过他们扩充我的能力。

➡ 如果你今天悲催地死去了，维纳媒体公司再没有总裁，以后的运营会是什么状况？你离开"葡萄酒图书馆"去创办维纳公司之后，对于前者的表现还满意吗？

如果说一个公司的特质是自上而下扩散的，那么关键人物出事的话，公司可能会步履维艰。我弟弟 AJ 和我共同创办了维纳公司，他能干得要命，但我想如果我出了事，他会崩溃的。好吧，他最好也崩溃一阵子。根据我对他的了解，他可能会怀疑继续经营公司是否还有意义。如果公司里坚持经营的是其他人，我一点也不意外。我们已经建立了良好的公司文化，我想它最终能生存下来，并再次繁荣发展，尤其是 AJ 接任了总裁之后——如果他选择这么做的话。

至于"葡萄酒图书馆"，我真心觉得，它缺了我会更加艰难。它完全是由家族成员和好朋友一起经营的，他们都做得很出色。那么，它是否能更进一步呢？当然，因为我觉得自己很棒！只有我在的时候，公司才会进入兴奋紧张的发展状态。这是我最擅长的做法。我能让公司的发展快得要命。但是，他们也有其他优秀的能力。

➡ 你是否能领导任何类型的企业？你觉得领导者能否轻松地转行？

我百分之十万地相信，我能够经营大部分价值等于或小于五亿美元的公司（至于更大的公司，我得花些时间具体研究才能确定）。现在，对于93%的公司，我都不知道它们有些什么破事儿，但我有着海绵一样的本领，我能够通过了解数据、数字、文化、市场和消费者，迅速学会任何"商对商"或"商对客"模式公司的相关信息，然后调整它的经营方式。而且你知道吗？我觉得自己并不突出。任何擅长销售和人力资源管理的人都可以做到这一点，因为经营公司有两个目标——建立团队和售卖产品。你能够胜任什么层次的工作，取决于能力的水平，但是能够做到这两个目标的人就能成功地领导一家公司——任何一家公司。

➡ 你会不会为了生意上的某次成功而牺牲职业准则？

不会的。这不仅是因为我一心想给后人留下好的精神遗产，也因为这种做法实际也不对。首先，我觉得如果不只顾攫取眼前利益，我会赚更多钱。另外，我清楚地认识到领导者应该以身作则，并且付诸行动。我有一个助手能处理我的邮件，如果我做了什么阴暗和不道德的事，他马上就能知道，而且他会质疑所有我对他说的话，也不会再信任我。这样我们的工作步调就会减缓，最后他会说出去，我的形象就会改变，我的目标也就无法实现了。

一种建立在信任和开放基础上的、健康的公司文化，会让公司加速发展。纵然人们会争论，但大家都不会浪费一分钟去质疑别人的动机。在我的职业生涯中，我可能会放弃许多可以赚的钱，因为我判断自己是否成功的准则，是多少人会来参加我的葬礼，而不是我最后赚了多少钱。我不会因为任何事牺牲这个准则。

> ➡ **我想鼓动一些人放弃非常稳定的工作，一起陪我重操旧业。但是，这样会不会导致人手流失？你着手建立品牌后，有没有遭遇员工流失的问题？**

要留住员工，唯一的方法就是让他们清楚地知道，你要让他们过得开心，而且能实现梦想。这样的支持会带来狂热的忠诚。我的员工毫不怀疑我想要成功，但并不会以他们为代价。我想要和他们一起买下纽约喷射机队。我很清楚，他们中有一些人心怀梦想，这些梦想可能会让他们离开公司、离开我，如果这种情况真的发生，他们会得到我的祝福和支持。但是，从长远来看，我会为他们提供大量的价值，所以他们跳槽之前会三思，或许还会思考不止三次。我想，当领导和经理们发现一个得力员工准备跳槽，因此感觉到了危机和背叛，这种事是挺伤感的。作为领导，我们的职责是培养团队、并支持他们。大多数情况下，如果我们处理得当，就有可能和员工建立良好的关系，不管他们以后是否还在这家公司，这些关系都是有好处的。

> ➡ **失败的意义在哪里？你如何庆祝胜利？**

有一次，商界偶像杰克·韦尔奇和苏西·韦尔奇和我一起主持这个节目，就有人问了我这个问题。我们每个人都有自己的故事。杰克年轻的时候把一家工厂办砸了。而苏西曾经被《哈佛商业评论》解雇过。我小时候也曾经在一次棒球卡会议上花四百美元买了一张桌子，却没有任何作用。这是我在生意上犯的第一个错误，也是一次巨大的失利；那个时候，四百美元就像十亿美元一样多。每个人都能从糟糕的经历中学到一些道理。我们会认识到失败不会让你没命，而且越早体验失败，就越容易恢复。那些失败过的人会理解我们的。就像杰克说的，你屁股被踢了以后，就能够做得更好，但起作用的并不是失败本身。

当然，你得对失败进行评估。如果你失败之后一蹶不振，那可不是一件好事。但是，如果你是块好内容，失败只会让你重整旗鼓、加倍努力。如果你能够恢复过来，任何一次失败都是让你更加强大的学习机会。

要避免经常失败，但也不要害怕失败。我平时对员工说，我需要的是战争时期的将军——就是能在逆境中处理事务的领导者——而不是和平年代的将军。我向来清楚哪些进展顺利的事情。我需要了解的是可能搞砸的事情。

是的，失败确实很重要。失败让你进步。我喜欢失败。

关于如何庆祝胜利，我在这方面实在不内行。我也挺郁闷的，因为不懂得宣扬成绩，就会对公司产生负面影响。在我看来，庆祝胜利是建立公司文化过程中不可或缺的一部分。

在维纳媒体公司，我们每天都会取得出色的成绩。名人在我们的网站注册了账户，我们发疯一样地发展，我们获得了许多奖项。但是我庆祝得很低调，我从来不召开新闻发布会，也不会拍着胸脯夸耀。但是，这并不表示我从不吹嘘我们的成绩——在"听听加里怎么说"的节目中，我会花三分钟吹嘘一番（嗨，在这本书里也花三分钟）。你会了解到，我对这家公司的成绩颇为自豪。但是，如果我真正说起这些成绩或奖项，一般都要等事情过去很久之后。

这完全是因为我对奋斗过程的热爱。许多企业家都有同样的想法。我们的注意力都集中在征途之上，在我们攀到峰顶之前，就已经开始考虑下一座山峰了。你要考虑下一场战斗，才能在其中获胜。但是，对于在奋斗过程中的战友来说，这可能是危险和不公平的。有些人喜欢驻足停步，享受当下的空气。如果你没有感谢他们的努力，也没有庆祝胜利，就马上继续前行，他们会觉得自己被利用了，而且不被欣赏。如果只有你获取大部分利益，这种情况就更有可能发生。

我知道这是一个缺点，而且也值得去改正。我们的公司文化是什么形态，这取决于我。而我希望大家能作为一个团队来庆祝胜利。停步嗅玫瑰花香固然重要，但有时也要让员工从这种状态中及时脱离出来。

➡ 你的日程表排得很满，肩负着许多责任，你又怎么做到抽出时间关注其他事情、向别人释放善意、以及享受当下?

《纽约时报》曾经登过一篇文章，说近一二十年以来，办公室里的不文明行为比以前增多了，当人们被问及为什么要表现得无礼时，他们回答说负担过重，因此没时间对别人好。我说这些都是瞎扯。

是否对别人好，这是一种选择。你对别人说话的态度，包括在承受压力情况下的说话态度，体现了你真正的品行。这和沟通技巧、年龄代沟都没有关系。那些让别人在工作中难受的无礼之人，尤其是其中的掌权者，可能在三十年前就是同样的作风了。金钱和名望不会改变一个人，它们只会暴露人的本质。当你一直受人关注的时候，就更难掩盖真实的性格。同样你也明白，如果你不遵循大众的规则，就要承受不一样的后果。有时候这样做有好处，但有时候却会让人们放弃礼貌，并放纵自己妄自尊大的心理。

除了和善，我不会用其他方式待人接物。或许我有很强的自我价值感，但我深知自己的斤两，也格外努力保持谦虚和友善。我确实很关心别人，他们似乎也能感受到这一点。有时候我和人合影自拍，然后就会看到他或她发一条推特说："哇，加里·维纳这个人真的不错哦。"如果他们没有表现得那么吃惊，那就更好了。

从某种意义上说，你的出镜率越高，你作为一个好人的声望就会越高。但这种观点是粗浅的。对于那些站在聚光灯下的人，或是某些平台的创立者，我们的期待会更高。我不仅通过以身作则来领导手下，还让所有的公司高层清楚地知道，虽然我要他们管理并产生效益，但同时也要他们改正消极的想法，以友善和尊敬的态度对待别人。

➡ 当一切言行都已经盖棺定论之后，你希望自己在别人心目中留下什么印象？

在地球上行走过的最伟大的人。

太夸张了吗？

一个非常有竞争力的企业家，通过实实在在地建造城里最宏伟的大楼，而不是拆毁其他人的大楼，建成了城里最宏伟的大楼。

或者是……

一个努力帮助别人做成喜欢的事情的人，这个怎么样？

实际上，我努力地在平时和别人打好交道，这样他们将来才会来参加我的葬礼。要实现这个目标，就要成为一个值得记住的人。不要用哗众取宠的方法让人记住，而要坚定地做到一诺千金、保持激情，并且和别人好好相处。换句话说，就是处理好一切商场交易中不一定能体现的幕后故事。如果所有人在做生意时都坚持自己内心的准则，世界会变得非常美好。你觉得是不是这样？

希望我的葬礼很久、很久以后才会举行。不过我希望葬礼人满为患，多得令人吃惊才好。

第五课

"我的公司只有一个 HR，那就是我"

人们向来尊敬和喜欢这样的经理——他或她会未雨绸缪，指引他们走向没有考虑到的领域，但是他们热爱和仰慕的经理，则会陪伴他们加班到深夜两点，一同布置和安放货架。这会是你吗？

企业成败的关键是什么？

我喜欢管理者的工作，也喜欢讨论管理问题。这个主题和领导力颇为类似，但在我看来，管理几乎等同于教导。在经营"葡萄酒图书馆"和维纳媒体公司的过程中，我最大的乐趣之一，就是有机会指导别人如何在管理上更进一步。对于优秀经理人该具备何种素质，我们每个人的观点或许各不相同，但在我个人看来，这是一种重新塑造手下的每个员工、把他或她放在相应的岗位、并使其能胜任被雇用时被期待完成的任务的能力。我就是这么对待手下的，也希望他们能对自己的手下做到这些。

在三年多时间里，维纳媒体公司的员工从三十人发展到五百多人。而我们的人力资源部自始至终只有一个人，那就是我。由此可见员工对我来说价值有多大。每个公司都吹嘘自己有多关怀客户、多关心员工。说这些话非常容易，但付出努力去证明这一点就真的不简单了。

从一开始，就是我和 AJ 刚刚创办维纳媒体公司的时候，我们做了一些关键的决策，设立了一些准则，并且发誓无论如何要遵守。我们之所以这样做，是因为见过太多公司成为烦恼的温床，让缺乏激情和不被欣赏的人们在那里渐渐消沉。因为这个缘故，我把员工的快乐放在至高无上的位置，我非常重视这一点，以至于会事先告诉客户，我首先关心的是我的员工、其次是员工的客户，最后才是他们。有趣的是，我从未因此失去生意，或许是因为我的业绩记录摆在那里吧。显然，把员工放在首位这个做法，并没有影响我的生意。它也只会对你的生意带来好处。

在每个企业中，"管理质量"就像它的表亲"领导力"一样，是决定公司成败的关键因素之一。你希望的应该是员工愿意投入，感觉到挑战、欣赏和重视。人们向来尊敬和喜欢这样的经理——他或她会未雨绸缪，指引他们走向没有考虑到的领域，但是他们热爱和仰慕的经理，则会陪伴他们加班到深夜两点，一同布置和安放货架。这会是你吗？这本书的读者中有许多是经理，或者是经理的潜在人选。实际上，只要你开办了创业型公司，就已经成为经理了。

我之所以能兴致勃勃地写这本书，其中一个原因是我知道能在书里自由地探讨一些话题，它们让我非常喜欢，而且也让我在"听听加里怎么说"这个节目中获得了巨大的乐趣。而在这些话题中，管理是居于榜首的。

关键一 · 人力是最宝贵的资源

➡ 去哪里寻找雇员最好？

现如今我成为了名人、我的公司也享有盛誉、人才会找上门来，我的职业生涯实际上进入了一个甜蜜的阶段。但是，不要听别人说雇人很难的话。实际上这真的挺容易。只有对不情愿去做的人来说，这件事才是难的。

你可以把这个过程拆分成几个简单的步骤。

1. 请登录推特搜索引擎，寻找那些正在讨论你所在行业的人。要运用关键词进行搜索，这些关键词要和你招聘职位的固有职责相吻合。比如你需要网页设计师，便去根据网页设计、图画设计、"登录页面最优化"等关键词去找人，或者其他任何一个关键词，只要从中能看出某些人正在讨论，或者对你需要的职位感兴趣就行。

2. 找到最有出息的申请者，点击他们的头像，查看他们的主页和作品集，并且考虑谁看起来最有能力。

3. 给他们发邮件，看他们是否想要寻找新职位。大部分人可能说不，但也许会有一个同意，还会有三个帮忙介绍人。

4. 找五个人来面试，在其中挑一个录取。

就是这样。这可能只会花掉你八小时时间。八小时辛苦的工作，这是不可避免的，但如果你使用传统套路，等着别人往邮箱寄简历或领英讯问，就要花费好几天乃至好几个礼拜，这样花的时间就多得多了。而且没错，曾有人试过这个方法并取得了成功，所以我知道它有效。

➡ 招聘创意人才的时候，你注重的是什么？

优秀的创意人才都会热爱他们的艺术，但作为在公司工作的优秀创意人才，却会沉迷于利用他们的艺术促进销售。换句话说，他们不会拘泥于艺术操守相关的浪漫理念。一个创意人才如果想在公司里高效快乐地工作，就不应该关心技艺和奖项胜过关心公司日程。因此，我需要的是这样的人——这个人才华横溢，想要创作了不起的作品，同时也明白我们的任务是卖出产品、并从中获得快乐。如果我们不去促进销售，或者不去提升公司的知名度、不去鼓动人们捐款、点击和购买，我们就没有尽到对客户的义务。

➡ 你在面试中的必问问题是什么？

我只有一个问题，如果面试进行得有感觉，让我觉得找到了一个适合目前团队的人选，我就会提出这个问题。

这不仅仅是我喜欢问的问题，而且是需要问的。实际上，从某种层面来说，这是我关心的唯一问题。

"你期待的职业发展方向是什么？"

在面试的大部分时间里，我都会事先让对方足够放松，从而能够坦诚的回答这个问题，然后才决定是否提问。如果对方回答说想当维纳媒体公司的总裁，或者只想提升几个级别、从而在工作和生活之中找到平衡，我都不会介意。甚至说，如果你的想法是为我打两年工，吸收所有我的独特理念，然后跑去其他地方开自己的公司，我也不会介意。我真的不介意。是真的。不管你的安排怎样，我都可以接受。我只想知道你的规划是什么，这样才能与你共同达成目标。你和我一起来做。

看吧，我是个矛盾的混合体。我喜爱忙乱、喜欢利用潮流，而且创办了一个公司，这个公司对于那些在汹涌海洋中游泳的公司来说就像一个码头。但是伙计，我在个人层面上却讨厌改变。我想尽量长久地把人们留在身边，因为我一旦喜欢上和谁合作，就想永远合作下去。而且我知道，要和你保持亲近的关系，最好的办法就是拿出你需要的东西，所以，我越快弄懂你的需要越好。

我向人们提供机会，并帮助他们实现理想，因此和员工保持着积极和开放的关系。这样一个积极的环境，不仅让人们割舍不下，而且让我对各种情况了如指掌。我因此能高效地进行管理，并且能和他们一起更快地创造出非凡的业绩。

我雇用了很多年轻人，所以我知道改变是不可避免的。这些人会谈恋爱、组建新家庭，他们的生活和兴趣是变化的。而且实际情况就应该是这样。不过，只要我保持开放清晰的沟通渠道，我就更有机会找到办法帮助手下的顶尖人才既留在我身边工作，又实现梦想。我想要从见面的第一天、从见面的起初五分钟就开始努力做这件事。

➡ 在为一个团队招聘人员时，是招聘专家更好一些，还是多面手更好一些?

这两种人肯定都能给你带来好处。在一个公司中保持平衡，总是有好处的。我认为每个人都应该发掘自己的长项，所以对于领导者和总裁来说，聘用能力互补的员工是很重要的。

但是，如果要在两者中选择，便挑选多面手吧。

如果你想提升自己的市场地位和价值，就要成为一个多面手。

许多人会反驳说，如果想事事皆通，就会无一精通。这是瞎扯。抱着成为多面手的态度，会让你更经常地接受新的挑战。你现在可能确实精通某个方面，但为什么不多发掘一些擅长的领域呢? 因为我知道我们可以通晓的领域不止一个，我们都能做得更好。

在你的生命进程中，要积极吸收，不断改善你的能力体系。我曾听有人说过，他们不需要再学什么新知识了，因为他们在本职工作方面已经做得很好了，这让我非常郁闷。这样的思维方式太过局限了。而且也很危险，因为你永远不会知道什么时候需要用到某种新技能。如果你放弃学习额外的知识、获取额外的经验，这将会是最令人后悔的事了。请拓展你的军火库。这样的话，不管你走到哪里，你都能证明自己有提供价值的机敏和能力。活到老，进步到老。现在就开始行动吧!

➡ 当你面对两个同样优秀的求职者，而他们竞争的又是同一职位时，该怎样取舍?

读到这个问题时，两个想法浮现在我的脑海里。

1. 我觉得不会出现两人对某一职位同样适合的情况。每个人都有一些微小的特征。这或许不足以形成很大的差异，但你能利用它进行判断。要不就跟着感觉走，这样一般也有效果。

2. 如果你对他们同样都很欣赏，不妨考虑双双录用。我喜欢比公司的发展超前一步去招聘。我从不会胡乱扩招人手，因为我不想解聘任何人，但我会进行预测。我总是提前预测将来的需求，而不只着眼于眼下的需求。如果两位求职者都能给你带来巨大的价值，那么以打破常规的方式来处理，或许也是没有问题的。

➡ 你觉得生命中最宝贵的三样东西是什么？

我觉得最宝贵的东西超过三样，但我觉得在雇用新员工时，可以注意最有价值的四种特质：

1. 耐心

我喜欢和主动付出、与人为善的人合作，但我希望他们不要盯着眼前的成效。因为在商场上没有立竿见影的事。你可能工作很出色，却在很长一段时间内得不到回报。对于有些人来说，这真是一杯难吞的苦水。但我想要合作的人，是即使看不到眼前回报也坚持不懈的人、是懂得成功需要时间的人。我见识过缺乏耐心的人是如何远离其最高理想的，而我想要合作的是那些有耐心的人。

2. 信守承诺

我说过：这是我父亲教过我的最伟大的道理。我也要维纳媒体公司的每个人都领悟这个道理。当你做出一个承诺，不管怎样都要遵守。这样做的最大好处是，你每次遵守了这个信条，你就在将来的贵人名单中又加了一笔。

3. 理解

我之所以把这个特点作为招聘的条件，因为我知道这会造就一个杰出的领导者。我需要确保手下的经理会倾听团队的声音，不要对人颐指气使，尤其是问题出现的时候。我想聘用的是解决问题的人，而不是责备别人的人。我希望他们先看别人的最好一面。很少人是因为自己想失败而导致失败的，因此，需要一个好经理去发现问题、提供支持，以确保这种失败不会重演。

4. 感恩

我喜欢那些认为一切都来之不易的人。这种品质会造就一个真正有前进动力的人，以及一个通常来说态度友善的工作拍档。

➡ 对于雇用朋友工作，你有什么看法？

把朋友变成同事是最好的，如果你实践了精英领导体制，就会看到效果。

很多经理人可能不同意我的看法。他们会说，这样会破坏友谊，而且难免会产生裙带关系，从而削减人们努力工作的动力。对于这些意见，我想说的是，你们是认真的吗？如果你负责招聘和经营公司，你会让这种事发生吗？给你自己一点信任，好不好？

雇用一个没有任何经验的新手朋友，与其说是风险，倒不如说是巨大的收益。我雇用了儿时最好的朋友布兰登在"葡萄酒图书馆"工作，因为我和他一起卖过棒球卡，知道他很有能力，而且我信任他、喜欢他。我和我弟弟AJ 创办维纳媒体公司时，我们聘用了一些 AJ 在大学和中学认识的朋友，好让公司运转起来，因为我们知道这些特别的人会给公司带来特殊的能量，并在办公环境中形成一种有趣的、与众不同的、刻苦工作的、具有激情和竞争性的文化。在他们之后，我们又聘用了一些人来充实机构，并在需要的时候继续招贤纳才。

匆匆越过这些年的历程，时至今日，这些元老在公司里已经占据了不同的位置。但在我们的发展过程中，他们对于在全公司范围内建立和传播公司文化发挥了关键作用——正如我和 AJ 料想的一样。

成功任用朋友的诀窍很简单：准备好推行精英管理体制。有时候，想要抛开友谊，纯粹从工作角度来评估朋友是有难度的，但这是可能的。以前，你觉得自己了解一些朋友的优点，所以雇用他们，但有时新环境会让你重新审视他们中的一部分人，看见以前不知道的问题。这可能会让人难受。但如果你以专业的方式来解聘，这件事就不会像你想象的那样可怕。归根结底，只要你恰当地履行着自己的职责，这个结果也不会让人觉得意外。在那之前，你必定已经为他们努力很长一段时间了，试图改善他们的表现或是纠正问题，甚至已经进行了"最后警告"式的谈话，你在谈话中也询问了"我要怎样才能帮到你？"。解聘的时候，你们俩可能都得到了解脱。而且，那些好的朋友会明白你不想伤害他们的心意。

➡ 你什么时候会雇用自由职业者做你的全职员工?

当你迷上某个人的工作、个性,或者知道这个人会给你的公司和工作过程带来天翻地覆的变化时,就应该把这个自由职业者聘作全职员工了。

或者……

就是你需要的时候,比方你的公司正在发展,或者你的客户生产出更多产品,而你又有信任和喜欢的人,这个人和你合作过,并且正好了解你的品牌,那为什么还要去找新人呢?

或者……

当一个自由职业者迷上你的公司,一直敦促你让他或她加入团队。雇用一个人或许是现实的措施,但也要尽量奖励这份热情,并且要为了长期的忠诚度和回报尽量经营好这份关系。

➡ 现在自由职业者面临的关键挑战是什么,有什么工具能解决呢?

在我看来,大部分自由职业者面临的最大挑战在于,虽然他们在个体专业技能上很突出(比如设计、咨询、视频制作等),却不知道如何经营一家企业。拥有个体专业技能和经营一家公司之间存在巨大差异,而作为一个自由职业者,其实也相当于经营一家一个人的公司。

一个自由职业者最大的财富就是时间,因此任何有助于节约时间的工具或软件都是极有价值的。这对我而言也是一样。我不喜欢开账单、跟踪发票和管理损益。这些工作对我而言一点都不好玩,对于一位自由职业者来说恐怕更枯燥。我们的工作成果才是有趣的。之所以有这么多专业人士不选择自由职业,是因为他们想专心做本行,一旦他们卷入了经营公司所需的开账单、保险和其他一些事务的无聊套路,他们就完蛋了。你应该去寻找一切能让你在这些事务上节约时间的工具。

另有一种方法可能有用,就是找一位商务导师,或者干脆参加商务培训。可以尽量多学习一些商业管理的知识,这样就能少为无关紧要的事务费心,而多花时间在有趣的东西上。

> ➡ 我想雇用一位办公助理，但是，尽管我们的销售业绩很好，我却没有雇人的资本。你有任何创造性的办法吗？

请利用你的社会资本。大部分人认为钱是最好的报酬，但也有某些人更需要的是经验或知名度。戴维·洛克之所以会到我们公司来，就是因为这个目标。当时他问我是否能为我免费制作一个视频，他做得很出色，而且我们结下了情谊，因此我聘用他进行全职工作。如果没有他，我可能永远不能制作出这个节目，更不用说写这本书了。

你可以通过许多途径，用服务和别人交换。可以在"克雷格列表"和社交媒体平台上宣布你愿付的金额，然后加上一年你们公司的全套免费服务。也可以制作一个视频来说明你作为工作搭档的优点。也可以向别人提供你们的产品、服务、时间，或者让人利用你们的名气。也可以开发一个项目，以此和这位助理进行交易，起初你们几乎不用投入，但是助理可以在最后利益中获得可观的分成。要把每一块石头都翻过来试试。但不管你怎么做，都要保证说到做到。

> ➡ 人家说你雇人慢、炒人快。你会给员工多少机会？

没有什么事比炒掉一个人更糟糕的了。我现在一般不太负责解雇的事了，但如果我要解雇某个员工，我会花上一个月，想办法让自己感觉好过一些。在维纳媒体公司，我们不会采用"一振出局""二振出局"或"三振出局"的办法（译者注："三振出局"是棒球术语，指击球者三击落空而被判出局的情况，借指公司中员工错过了三次改正机会而被解雇）。实际上，我们的工作有极强的连贯性，而我认为这很大一部分是因为解雇方式恰当。大家会看到我们努力地用理解、体面的方式处理这件事。而且，每个被解雇的员工都不会感到意外。当员工入职时，我们会努力帮助他们实现自己的目标，或者帮助他们在公司中找到更合适的位置。我认为这份努力形成了口碑传扬开去，让人们觉得在这里工作很适意。

我认为解聘员工最重要的不是办得快，而是办得好。从长远来看，这对大家都比较好——你可以自由地选择更合适的人，而这位员工也可以自由地另寻高就了。但是，如果你的情商不足以很好地做到这一点——就是让解雇感觉像是解脱，而不是惩罚——就要去找能胜任的人。我在"葡萄酒图书馆"工作的时候，如果我没有这份能力，我发誓会请我妈妈代劳的。她会让你觉得就算把整个团队都炒掉、公司完蛋，也是值得庆祝的。

➡ 解聘团队中垫底 10% 人员的末位淘汰制是否仍然算是一个好方法？就算是一个全明星团队，其中也有垫底的人吧。

这是杰克·韦尔奇引入商界的一个传奇式魔咒，而他做客"听听加里怎么说"节目时，就已经给出了可靠的答案：

如果你相信商业是一场游戏，只有最好的团队才能胜出，你就必须派出最好的队员。因此，你得弄清楚谁是顶尖的 20%、谁是中间的 70%，谁又是垫底的 10%。

你还要让顶尖的 20% 感觉自己能达到 6'4" 的成绩。如果他们已经达到了 6'5"，那就让他们觉得能达到 6'8"。还要告诉居中的 70%，你希望他们像顶尖的 20% 那样奋斗。此外，要向等级处于末尾的队员解释他们为什么垫底，并给他们一个机会去弥补缺失。如果他们办不到，就让他们走人。但是，要像他们入职之初一样，一如既往地善待他们。

我问杰克，有些人手下只有五百个员工，不像他经营 GE 时那样管理着四十万员工，对于这些人来说，这个建议是否同样适用。他说，这个建议对这些人的意义甚至会更大些。接着我又指出一个问题，说许多节目观众可能只有五个员工。他便表示说，这些观众很难参照这个建议，因为他们要寻找的是创业的班底。但他们也需要着手去做。

苏西·韦尔奇是杰克的妻子，也是他的写作搭档，她也参加了这个节目。她指出完美的团队是不存在的，总有人的表现把别人比下去。与其为了必须要解雇的 10% 而哀叹，不如培养顶尖的 20%，并欣赏自己的这份努力。

➡　"00 后"老板经营的品牌公司在快速扩张的时候，如果
想雇用其他"00 后"，关键因素是什么呢？

你为什么想要雇用"00 后"呢？娄·普曼曾经把"后街男孩"和"超级
男孩"这两个二十世纪九十年代最大的男孩品牌整合在一起，而在那之前，
他只是一个保守的中年男子而已。他不是一个十三岁的女孩，但他也知道如
何向她们推销。我不是"00 后"，但我比许多人——包括"00 后"——更懂
得如何向"00 后"推销。如果你二十四岁，这个理由并不足以证明你懂得如
何卖出自己的玩意儿，即使对同龄人也不一定好使。

你需要向"00 后"提出的问题，和你问其他任何人的也没有区别：你知
道如何向这个年龄段的客户推销产品吗？你了解他们的行为吗？你知道如何
编制营销内容，才能卖出产品？

关键二·高效的企业管理

➡　你最管用的时间管理窍门是什么？

雇用一个助手，让他或她成为主宰你时间的沙皇。如果做不到这一
点，也可以使用时间管理软件或程序，比如 prowork-flow 网、印象笔记、
Calendly、Asana、timetrade 网，甚至是苹果手表。

要严格执行时间管理。对于那些和"云"与"尘"无关的东西，要学会说不。

➡　当你为一个维纳媒体公司的客户经营一家公司，或者提
供营销服务时，是如何划分销售、营销和商业拓展的？

这三个方面有太多交叉的内容，当其中一个或多个薄弱，而其他又很强
的时候，实在容易混淆在一起。它们是相辅相成的。擅长营销和擅长销售不
一样，但一次优质的营销宣传活动能带来巨大的营销额。同理，商业拓展只
是销售的小小辅助。而当这三个方面和谐发展时，你需要做的就只剩到处巡
查了。SalesForce 在这方面是一个突出的案例。他们在销售人员身上花了巨资，
在"商对商""软件运营服务"领域成功地进行了自我营销，而且创造性地

通过一系列庆典活动进行了商业拓展。

不过，并非谁都是 SalesForce，这也没关系。不妨看看我投资的一个公司 HubSpot。或许这个公司起初在销售方面不是那么强，但在商业拓展和营销上业绩骄人，而且在本书写作之时，就已经有非常高的收益了。

我想说明一点：一个公司的优缺点总是不太均衡的，这取决于它的先天条件、文化和人员的构成。而归结起来，就是要分辨这三个领域——销售、营销或商业拓展——其中是否有一个能让你们形成一个集体，并通过招聘、培训、重组或其他一些手段解决问题。此外还有一件事是令人高兴的：公司的运作和汽车不同，汽车中只要有一个齿轮出问题，就会导致整个系统瘫痪，但我发现客户的公司，或者我自己的公司中如果有哪个部门出问题，却不一定会拖累整个组织。

实际上，这三个方面的终点线是一样的。如果你在其中一个方面很突出，或许就能够全盘解决问题。当然，我希望你在三个方面都出类拔萃，但如果有其中一项比其他两项弱，也不用担心。这又回归到我的核心准则——就是要发挥自己的长项，而不是关注弱项。我更希望你在对那两个长项下双倍赌注，而不是去加倍关注落后的方面。

➡ 如果让你转换角色，去管理一个新的项目，你会如何对团队保持高标准的要求，同时又让项目花费不超过预算，而且在规定时间内完成任务？

要多听少说。抓紧时间了解你部门内的一切状况，倾听大家的意见，然后才开始行使权力。如果发现任何问题，就让手下说明对这个问题的看法，然后也不要自己提出解决方案，而是引导他们自己想办法。他们可能会要求你加入，但你不会蹚这摊浑水的，对吧？要让自己成为一个"懂得"的人，让人们都不怕找你求助，这样你才能获得信息，这是形成重要决策必需的。要营造一个开放、信任、理解的氛围，让大家都明白你的意图，这样他们都能省下许多时间，从而帮助你达到目标。

当你的团队继续成长的时候，请雇用其他善于倾听的人。一个善于倾听的人，如果又懂得如何利用数据并据此采取措施，就会成为赢家。没人可以单打独斗地解决问题。

➡ 你如何确定各项事务的优先级？

我选择的标准是：如果这堆火最大，而且如果我迅速扑灭它，就会取得最大的利益，那我就选择这堆火。比如说，要优先去安抚某个新客户，或者处理一个员工的不同意见。我会专心处理眼前的问题，同时保证公司的前进方向依然清晰，而且我做的每件事都能帮助我建立想要的公司和团队，这样才能替我铺路，让我最后买下纽约喷射机队。你知道，这就是"云"和"尘"。我不关心任何中间地带的问题。

➡ 一个公司应该如何改进会议，使它们更有成效？

通过削减一半会议就可以做到。

那么，如果你想要给员工说话的空间、花时间和他们在一起、理解他们、并使用我提议的那些人际互动技巧，你又如何能做到削减一半会议呢？

只要直接去削减就行了。

我保证这个方法有效。不妨估算一下，描述公司的议事日程一共需要多少时间，然后把这些时间减半。

如果你给别人一个十磅容量的袋子，他们就会往里面装十磅垃圾。如果给一个十五磅的袋子，结果也没什么两样——十五磅的垃圾。他们永远不会把袋子装得太满，也不会装不满。如果我计划和员工开会一个小时，我们会说笑一会儿，并且谈一些计划之外的内容，但我们会在这个小时内解决所有需要的问题。如果我把这个会议压缩到三十分钟，我们绝对还能完成所有议题。然后我们就能省下三十分钟，这就是我们唯一的目标，对吧？因为我们时间宝贵。等你像我一样努力工作的时候——我也愿意把你想成这样——每一分钟、每一秒钟都是有价值的。

当人们知道预定的十五或三十分钟结束后，你就不会搭理他们，他们便会做好准备。没人再去翻纸，没人交流无关的趣闻，没人东拉西扯，也没人临时应付。人们要在开会前花时间把信息捋顺，把内容收集在一起，并且压缩内容，因为他们明白如果不这么做的话，他们也没机会再开一次会。那么，我又如何加入自己推崇的人际互动呢？我确实互动了，但用的是简捷的方式。拜托，我是在进入会议室的时候进行的。不过，只要我的屁股碰到座位，大家就要准备开始了。如果说在这本书里，有某个问题的答案对每个读者都有好处，我相信就是这一个。

➡ **你如何让员工保持可靠，即切实地开展工作、并取得成绩？我的意思是：我们不能把他们放在办公室里，发现他们什么都没做，然后又解雇他们。**

我有许多办法可以实现这个目标，在我经营过的公司里，我们也实践过许多方法。

1. 提升公司文化。如果你可以营造一个环境，让员工真正喜欢自己的工作、重视手头的任务，而且真心喜欢他们的同事（这一点是最重要的），你应该就不会马上遭遇这些问题。维纳媒体公司的员工最怕的就是拖累同事，他们的态度让我相当惊异。当员工觉得自己最应该负责的不是有魅力的老板、不是哪个客户，甚至不是自己的自豪感，而是队友，这就是最理想的情况。

2. 不要害怕解雇。如果你的思维模式是解雇会导致无人可用，那你就会有大麻烦。如果你觉得确实找不到适合的雇员，或许你该审视的是自己，而不是别人。

3. 最后，我觉得这些归结起来都是沟通的问题。许多组织没有第一时间好好沟通，所以一下子就发生了问题，因此这都取决于你自己。有时候，唯一需要的就是和某个员工开诚布公地谈一谈，了解他们真正的意图。一旦双方在这个问题上达成了一致（要保证做到这一点！），你就要考虑什么能触发这个人的工作热情。你可能会发现，在一年工作的五十周内，只要提供两周假期，就会让这个人的工作效果在剩余的四十八周内大大改善。

最后说一句，要敦促员工完成工作，倾听的作用和谈话一样大。

➡ 维纳媒体公司的着装风格显然是随意的。你觉得衣着会影响专业水平和工作表现吗？

衣着不会影响工作表现或专业素质。我的员工每天的表现都出奇的好，而且我觉得他们就算穿浴袍来上班也不会稍有逊色。我认为，那些持相反意见的人以后会吃亏，因为随着世界发展，这个旧传统已经过时，他们却抱住不放。我希望利用这本书帮你们发现我们社会中微妙的、和不那么微妙的变化，以及它们对商界的影响。若有人对现代商界着装风气的变化——而且是迅速的变化——还没有感觉的话，那这个人对环境就是麻木不仁的。

➡ 如何把创意和效率更好地结合在一起？

在这个节目中，杰克·韦尔奇还指出一点，要想让创意人士工作有效率，你就要自己有创意。这也意味着雇用有创意的人。你需要的是公司的每个人都考虑把工作做得更好的方法，不管他们是在会计、客户、还是创意相关的岗位上。我认为，实现这个目标的一个方法，就是把人员放在通往成功的岗位上。只要工作能产生优质的成果，我不太在乎工作是怎么完成的。我曾经试图让员工按我的方式高效工作，但发现让他们按自己的方式更好。如果你躲到一个私人的禅宗天地中，我可能会不喜欢，但如果我喜欢你的工作成果，我为什么还要在乎呢？恃才傲物的创意人士可能会惹人厌，但如果他们的工作成果是出类拔萃的，这样做便值得。而一个工作超级高效、才能却平庸的员工便不值得我们这样宽容。

杰克、苏西和我听到这个问题时，对一件事表示一致同意：在一个公司里，如果把某个创新人才抬高到众人之上，是一件可怕的事。不要把他们放到神坛之上，然后让其他所有人埋头苦干。不要让任何人的头脑荒废。要鼓励所有人都成为创新人才。在维纳媒体公司，我们希望创意人才能够实干，而财会人员能有创意。相互尊敬形成的感觉是激励人心的，能够产生良好的效果。

➜ 我的公司经营的全是数字化的业务，那么线下的会议还会重要吗？

我们掌控着许多网络工具，有了它们，我们就能够非常容易地在家工作，或者更方便地和城市另一头、国土另一端，或者世界另一面的人谈话或处理事务。但是，即使你的公司是全数字化的，你也不该取消面对面的会议。

为什么呢？因为决策者是人，而不是机器。

我们可以把数字工具看作人类互动的途径，但不能作为替代品。通过面对面的交流，你可以构建微妙的细节、编制出更好的内容，这是电话会议或Google+实现不了的。这并不是说，我们不能通过数字工具传递情感；我在推特上进行了大量情感交流，在 Instagram 上的交流也越来越多。但是，这些交流不具备面对面的交流那样的能量。我们要根据氛围和别人的身体语言不断对自己的言行进行调整，这一点颇为重要。这是一个非常有用的技能，不仅让你成为好老板或好员工，而且会让你成为一个更好的人。

因此，不论你要和员工、客户，还是老板沟通，不妨创造机会，不时地和他们面谈，尤其是你们不曾见面一段时间，或者有重要事务要讨论的时候。如果机器人还没有取代我们的位置，请坚持这样做。等到这件事真的发生之后，我们还可以对情况重新进行调整。

➜ 我手下的老员工会戏弄新员工，我怎样才能阻止他们？

扮演家长的角色。叫他们收手，否则就解雇他们。

在"葡萄酒图书馆"的时候，我也遭遇过类似的问题。我的员工本身没有戏弄新人，但他们会对新人很快下定论。如果他们觉得一个新人比较烂，在两天之内就会让这个人无地自容、日子不好过。我的最终解决方案是逐个地和员工坐下来谈话，告诉他们，如果不和我合作解决这个问题，或是不主动地化解问题，他们就要走人。你猜后来怎么样？我不得不炒了几个人的鱿鱼。这种事总是时有发生的。

➡ 如果你拥有一家迅速发展的公司，是完善制度更重要呢，还是扩充队伍更重要？

为什么不能双管齐下呢？这需要努力，但这是获得辉煌胜利的唯一办法。为了建立维纳媒体公司的制度，同时招聘员工、培养员工、建设团队，我非常努力地工作。从早上九点至下午五点，我在促使员工融入公司，从下午五点到深夜两点，我在完善公司的制度。现在就一头扎进那些"见鬼"的工作之中吧，否则你就会错过时机。在可以的时候，尽可能地从每一天汲取价值，尤其是当你还年轻的时候。在奔四的这些年头里，我就是这么做的。我以前所未有的干劲积累我的资本，包括"听听加里怎么说"节目、维纳媒体公司、家庭生活、自己的健康……因为我知道，等到四十二岁的时候，我可能就没法像这样努力了。请立刻行动，从你的时间中榨取一切可能的财富吧。

➡ 当你和客户合作项目的时候，有多少是在线进行——比方说通过 Skype，又有多少是当面进行的？

别人的情况我说不好，但我主要是通过电子邮件和面对面的会议进行项目的。我会从别人的能量中受到鼓舞，所以对我而言，面对面的会议一向是最有成效的。此外，这些会议还让我更好地了解客户，建立更牢固的客户关系——你知道我多么重视这一点。我几乎不使用电话。虽然我希望更多客户使用短信，但我最近使用 Skype 和 Google+ 却越来越多了，而且还从其中看到了真正的价值。

➡ 如果你是纽约喷射机队的老板，你会怎样塑造这支队伍，让它能够在"超级碗"上角逐一番？

我本来可以把这个问题放到"运动"那一章的，但我认为这个问题的答案能大致体现出我作为管理者的特色，所以便把它放到了这一章。

我对纽约喷射机队如此痴迷（而且我在和他们做生意的那几年里，很喜欢这份合作关系），却还有不了解的地方。所以，我首先会进行一次评估，这样才能了解自己要管理的对象。在那之后，我在业务上的第一个指令就是：每隔两年，我们便选派一位四分卫参加国家橄榄球大联盟选秀的前两轮，直到我们的人进入决赛为止。我们要把自己的人派进去，给他二十四个月去参加两个赛季。如果他不合适我们球队，不管他是否有精彩的表现，我都会选派另一个人，并在两年后再接着考虑下一个，直到找到合适的人为止，因为四分卫是一支球队的关键。

我也会在公关方面做工作。我可能会制作一档每周播出的现场秀，好让粉丝们发泄怒火。不过，你猜接下去是什么情况？我会马上回击的。这做法与众不同，是吧？我想我能够蒙混过关、安然无恙的，因为我是他们的一员，而且是一个比他们更坚定的粉丝。

我会实施一些有趣的营销策略，比如说，对于居住在纽约－新泽西州区域的每个儿童，在他们六岁生日时都赠送一件纽约喷射机队的队服。我还会做一些出格的事，比如让媒体介入，因为我觉得他们在本城报道喷射机队时，已经偏离了行业惯例（我知道这个想法比较危险，但我会怀着敬意去做的）我还会在看台上观看比赛（然后可能因为骂街被国家橄榄球大联盟申斥）。

这就是我作为老板的特点：有条不紊、沉迷其中、富有创意、争强好胜、热情洋溢、忠心耿耿、无私忘我，并且享受每一分钟。

➡ 在维纳媒体公司工作，需要哪些素质？

这当然全都取决于相应的职务。更有趣的问法是，成功需要哪些素质？

在维纳媒体公司的游戏中，失败的玩家一般一年或一年半之内就会消失，因为他们不能持之以恒。他们要么纯粹是为了钱，要么就是因为鲁莽而高估了自己。我喜欢别人逞强和自信，但你最好有能力撑起这份声势。诚然，有时维纳媒体公司失去一些人才和员工，他们是别无选择才离开公司的。我讨厌发生这种事情，即使我知道我们不能总是一帆风顺，我也一样讨厌。

那么赢家是什么情况呢？他们一般都具备我们讨论过的所有素质：理解、自我认知、尊敬他人、出色的工作理念和耐心。他们不仅善于沟通，而且还以积极的方式推销自己（嗨，我知道我们不够完美）。想要在这里胜出，需要努力工作和聪明才智，但压倒一切的却是用心。技能是可以教授的，用心与否，却已经定型了。如果你肯用心，我便希望和你一起工作。

➡ 如果要你在传统媒体机构（电视台 / 纸媒）内部组建数字化团队，你会从何处着手？

销售印刷品、直接邮寄品、户外媒体节目和公共关系的传统媒体现在都已经向数字化转变，因为金钱和营销正流向这个领域。这并不困难。请聘用七个熟悉数字媒体的人，把他们安排在你的部门里，并和总裁一起研究如何将这个新事物融合进来。维纳媒体公司经常组建新部门，从现场庆典部到视频制作部都有。我们要把这些业务融合到公司里，而我们是通过聘用具有合适技能体系的人来开展这项工作的。那么，怎样才能整合这些业务，使其融入公司呢？在维纳媒体公司，起初的三个月到六个月里，我经常都是甩手掌柜，但那之后我就会插手得多一些。作为领导，就是要知道何时干预、何时放手。这只是决定何时去做的问题。

➡ 如果员工不能在最后期限之前完成任务，你会如何处理？

这完全取决于我对你的期望。如果你平时是一位骨干型的办事员，非常可靠，而且我需要你总是保持这种状态，那我会气疯的。如果你平时就有些散漫和古怪，我对你的进度从来都了解不多，但不知怎么，你的工作总有出色的成效，我可能会接受你没有规定最后期限，也没有相应地制订计划。对于我或者其他任何一个人来说，是否会因为错过最后期限而生气，底线取决于我们的期望值。如果你知道某些人总是把计划摆上台面，却又"错过"，你便需要考虑问题出在哪里。是否有可能是因为你把他们置于一种无法发挥长处的境地中？让优秀的员工接受挑战固然很好，但你也要秉持公平的态度。请把员工安排在通往成功的位置上。如果要把他们安排在挑战性的地方，你便要确保自己能理解他们的想法。归根结底，就是要公平。

关键三 · 有活力的企业文化

➡ 内部文化在一个公司的成功过程中扮演什么角色？

领衔主演的角色。要保证你的公司取得成功，一个最好的方法就是建立强大的内部文化。销售重要，利润重要，客户关系也很重要，但公司中的这些工作——实际上，是公司的所有工作——都是受文化影响的。文化是因人而产生的，当人们觉得不开心、总是想找办法离开时，他们的想法就会在工作中反映出来。这样的话，难道不应该把公司文化列为首要问题吗？虽然文化是在员工中间形成的，但招聘的时候就对它优先考虑，难道不是更有意义吗？

因为你只有这样做，才能建立一个强大的公司内部文化——你雇用的员工身上就应该体现这种文化。不要把雇用或解雇当作一种经济上的决策；要把它当成一种情感上的决策。如果你忽然有了钱，可以多招聘一些人，但这并不意味着应该招聘。如果有些人的表现达不到你的预期，也不意味着你要让他或她马上走人。你需要考虑每次招聘和解聘对全体人员会产生什么影响，然后才能付诸行动。

请把招聘和解聘当作情感上的决策，因为你打交道的是人，而不是合同。所有人都被教导要"公事公办"，人们一般把这句话理解为一种教条，要大家在决策时摒弃感情因素，这样才能客观上和经济上获得最大利益。好吧，我是不同意这种观点的。在谈判金钱或合同相关事务时，确实要公事公办，但对待维持你公司运转的人，就不是这么回事了。此外，如果你不把一个人的职业前景当作投资的经济回报，你也会在经济上承受相应的后果；这种后果比较难看到，因为它们不会马上反映在财务报表上。但是，它们是存在的，体现为失去的利润、错过的机会，以及消失的创造力和热情，这些都是因为公司没有做到以人为本，导致了低下的忠诚度和低迷的士气。

当然，这也不表示你不能解雇碌碌无为的员工。你只是需要多花一点时间考虑其他的解决方法。比如说，你的公司里有人很会社交，在同事中左右逢源，但你不喜欢这种人。如果你把他或她解雇了，其他人会觉得多难受呢？是否有这么一种可能，他们只是没找对位置，只要将其调动到其他部门就能解决问题，就能提升和改进他们的工作，并让大家皆大欢喜？

或许，你真的应该解雇这个人。那么，能不能在六十天内帮忙找到新工作，而不是在一天内直接摆脱他或她？这样做可能会让你多费很多钱，但公司文化因此免受伤害，依然生机勃勃，于是你便获得同等价值的回报。从某种层面来说，这也是一件善事。

永远不要低估优秀企业文化的力量。你想要的是出色的成果、销售额、项目、奖项和称号，你也知道需要优秀的团队、领导、以及辛勤劳动才能如愿以偿。那么，你见过几个优秀团队是由疲惫愤怒的成员组成的？有几个优秀的领导是讨厌自己工作的？有几个不开心的人会全力以赴地投入工作？不会太多的。伟大公司的基础是伟大的文化，而伟大的文化是由你的员工缔造的，也会因为他们黯然离开而消亡。

➡ 你办公室里椅子很少，你是否想以此把快节奏的工作理念灌输给员工？

不是的，如果我之前想到这一点就好了。通过限制椅子数量，从而构建一种竞争性的公司文化？这太明智了！应该让其他人贯彻这种做法。实际上，我在灌输竞争意识方面没有实质性的策略。我自己非常有竞争力，而且我觉得人们为了达到目标会知道如何发展竞争意识，所以我只是鼓励而已。归根结底，正如我说过的，一切都是从上向下传递的。每一个读这本书的人都应该了解自己的天赋、明白其发展轨迹、让自己的公司能够驾驭潮流，而不是逆流而动，这些都是颇为重要的。通过充分发挥竞争力，我们会感到快乐。我听维纳媒体公司的许多员工说过，在这个公司里，大家是通过工作质量相互竞争，而不是通过牺牲别人的利益，他们之前很少见到这样的公司。我因此知道，我们构建的文化、进行的工作都是很了不起的。

关键四 · 领导与个人魅力

➡ 如果维纳媒体公司的六百名员工集体辞职，你会怎么办？

首先，我应该回想一下、弄明白发生了什么见鬼的事，如果我不懂得这么做，那就是个傻帽。然后我会逐个去找员工，向他们道歉，因为显然有什么地方出了问题。但是，接下来我就要采取积极的行动。我要考虑如何利用这六年来学到的一切知识。我是一个情绪化的人，但我会努力避免未经思考就做出反应。比如说，"让他们等着瞧！"，然后便走出去，从头再来——我会很想这样，好让别人知道我能够做到，但我认为自己有足够的自制力，不会让感情左右的。因此，如果要我决定是重建公司，还是扬长而去，我会考虑怎样才能最好利用时间，而且最后的决定要让我回归正轨，因为我现在已经四十岁了，而我又想买下纽约喷射机队。不过要声明一点，如果我选择不再重建公司，那并不是因为我做不到，而是因为我选择放弃。

➡ 如果有维纳媒体公司的员工自己写书，连续在网上发布内容，并创建品牌，你会支持吗？

我不仅会支持，而且已经在这么做了。去问问杰森·唐纳利吧。他离开维纳媒体公司去写书了，完成后他又回到了公司。我买了一些，并把它们分发给公司里的所有同事。

我不是为了做好人才这样做的。你不能嘴上说着想帮助别人成功，当他们真正要成功的时候却打压他们。而且你不能害怕别人超过自己。这就是强大的自我价值感带来的好处——当你觉得自己总是最棒的，就永远不会担心别人超越自己，所以就没有理由去压制别人。我没有理由恐惧任何人的才能，也不必去扼杀他们。如果他们发展得比我好，那就顺其自然吧。我相信平等主义、精英管理和公平公正，这个世界应该体现出这些规律。

➡ 你如何让团队突破自我？

这件事有一个正确的做法，还有一个错误的做法。错误的做法是把鞭子抖得啪啪响，然后用丰厚的报酬补偿员工在工作中遭的罪。而在我个人看来，正确的做法是唤起他们的负罪感（我不是开玩笑的）。

我曾经谈过成为一个出色经理人的素质，比如倾听员工声音、了解员工理想、支持他们的所有努力，即使他们不一定能给你带来好处，也要做到这些。

现在，你希望的是格外出色地完成这些任务，在员工身上培养强烈的主人翁意识和忠诚度，让他们的表现永远令人满意。人际关系是一条双行道。但如果你是老板，却占据了 51% 的宽度，你的员工就只能在其余的 49% 空间内活动，并向你回报 49% 的价值。我明白这个道理，因为我在自己的两家公司都看到了这一点。

我在"葡萄酒图书馆"工作的最初五年，赚到的钱还不到三万美元，所以我宁可拿这些钱来鼓舞员工的士气。你说你可以通过雇用更多人来搞定？很好，请便吧。请做给我看吧。如果员工不能实现承诺的目标，我的感情会受伤害吗？会的，但我不会因为这样就不尽力支持他们。这种态度会形成强大的动力，因为一旦团队里的人看到身边的人得到了需要的东西，他们也会努力工作去获取想要的东西。这样便会形成一个快乐的工作氛围。

一个好的老板在促进员工突破自我时，其实是对员工施以恩惠的，因为没有这种激励，员工永远不知道自己能做到哪一步。但是，你要让他们树立信心，然后才能让他们着手去做。如果你想让人超水平发挥，最好也要超水平地对待他们。

➡ 如果你认识到自己的弱点，你会坚持努力进行改正，还是把相关工作委派给其他人？

我无法给出完整的答案。我以前曾努力过，想对员工清晰地表达负面评价，但因为我的领导风格太过友善，人们不明白我的意思是要他们改进。我需要变得更加直接，而且一直努力在提升这方面的能力，因为我觉得这挺重要。我不敢说自己现在很严厉，但也不会太好说话了。

我们不妨试着运用 80/20 法则，又名帕雷托法则。你可以把 80% 的时间花在自己的长项上（但我不介意把比例改为 95/5，因为我喜欢把宝压在长项上，而且对此有很强烈的信心），并把 20% 的时间用于弥补弱项，这或许是个不错的主意。所有人都有长项和弱项。如果你不确定哪一项需要重点关注，可以去问问和自己一块工作的员工，也可以问问好朋友的想法。这意味着你要保持谦逊的态度，但你只有发现问题，才能解决它，所以这样做是值得的。

➡ 关于授权，你有什么诀窍吗？

当然。如果你哪天发现日常工作中有 99.9% 不像自己想的那样重要，委派别人便顺理成章了。好的领导知道什么时候放手，而且他们放手了很多事务，因为他们处理的是"云"与"尘"。

有些人不会授权他人，因为他们有自信，认为别人做不到和自己一样好。这可能也是实情，但归根结底，不是每一样工作都需要像你一样完美的水平。你要明白，工作做到足够好的地步就可以了。让手下那些聪明又有趣的人去履行他们的职责，让自己轻松些吧。你不像自己想的那样独一无二、不可或缺——要接受这一点，需要谦逊的心态，但这也会把你解放出来。

➡ 你如何在没有物质激励的情况下，鼓舞不在身边的员工的？假设这些人具备积极性和勤奋的素质，但绩效平平。

承担责任，并且更好地沟通。如果你的员工中有人不能发挥出最大能力，这是你的责任。但这个问题相对比较容易解决。不妨安排一次会议，说明他们的工作水平和你的期望不符。然后问他们，我能帮你们做什么吗？然后便开始帮助他们吧。

➡ **随着公司发展，如果想要制订工作规定、流程和过程相关的文件，让所有人遵循统一标准，最好的方法是什么?**

没有哪家公司能因为超级严格的操作指南而获得成功。或许像 GE 一样的巨头公司应该有一些标准，但这是他们法务人员的工作。一个只有大约五百人的公司不应该为细枝末节制订文件。正如苏西·韦尔奇所说，要致力于建设你们的价值观和文化。要保证每个人都理解公司的使命，明白他们努力的方向以及为什么要朝这个方向努力。请坚持你们的企业精神，坚持得越久越好。

➡ **相比花在其他项目上的时间，你的员工有多少时间是花在你身上的?**

如果你指的是帮助我编制内容、以及与之相关的商业拓展，那其实我手下的所有人都是"加里品牌"团队的一部分。有些人进入维纳媒体公司工作之后，已经脱离了这个体系，有些人则是受聘专门为这个团队工作的。我在制作"葡萄酒图书馆电视"的时候，并不需要这么多人，但现在我涉及的领域比以前多得多，我能够在节目之外编制出更多内容，这样便需要协助了。这就是围绕个人的内容编制团队的意义所在。我相信，对于那些拥有可观受众的人来说，在未来的发展中，对处理公共关系的个人依赖会减少，而更多的则是需要围绕这个人建立一个现代的内容编制公司。

➡ **怎样才能委婉地告诉老板，他要把事情搞砸了?**

我想，如果你足够勇敢，能以尊重的态度提出不同意见，任何一个无愧于他或她的工作和报酬的老板都会因此感到振奋的，而且我认为这可能是一个双赢的局面。如果老板赞同你的意见，你就得分了。如果他或她不赞同，并且轻视你，你便能知道自己在为一个混蛋工作，需要另谋高就了。因此，提出批评意见并不算冒险，尤其当你不喜欢自己工作的时候，如果想评估自己的老板，衡量把职业生涯交付到老板手上、遵从他或她的领导是否明智，这是一个好办法。有些员工坦然告诉我，他们不赞同我的观点，我对他们就非常尊敬。关键是激情流露、坚持观点的时候，要保持温和尊敬的态度。当然，你也应该在理解老板个性的基础上做这件事。我有一些直接对我负责的手下，他们就知道在我这里免受责备的机会，比公司其他许多管理者都大得多。我们要做出合理的判断。

➡ 为了达到某个目标、需要让别人理解你的观点时，你会选择强势出击还是温和诱导，为什么？

我总是随时随地去适应客户、创业者、员工和投资方。同情、理解、竞争性、温暖、直接的蔑视——每种情况都需要不同的化解方式。我向来没有常用的措施或策略。有时候，我会花六个月时间以同情的态度对待某些人，然后一个空手道斜劈把他们放倒在垫子上，因为之前的方法不管用。管理是一个永无止境的学习和测试的过程，365 天全年无歇。你不会愿意养成重复使用同一措施的习惯。这就有点像药物：如果你服用得太经常，它也会失效的。

➡ 如果你要和公司内部的同事合作完成任务，但他们不像你一样勤奋，有什么办法吗？

你指的是世界上的大多数人吗？哈！如果你工作的地方是一家媒体公司或客户服务公司，你就陷入困境了。你得在沙坑里把事情办好。对于那些战壕里的人来说，如果我让他们善待拖后腿的搭档，他们可能会觉得为难。但我觉得大肆宣扬别人的愚蠢行为也不会带来太大收获。我认为我们的工作能自己证明其意义，而真理也是不败的。

这其中存在一个挑战：当你和搭档发生摩擦时，不要变得盛气凌人、态度粗鲁。要用友好的态度去争取。如果可以的话，一起去喝一杯。要和他们建立良好的关系，你可能会发现他们知道自己令人厌恶，但原因是公司环境恶劣。等到你们找到一些共同语言，也找到了协调关系的方法，就能化解一些怨气，让你少一些烦恼。请和你的团队沟通。也请和搭档沟通。此外，还要和客户沟通。沟通、沟通、再沟通。

第六章

网络营销的天时地利——内容与平台

即使传播平台和渠道有所改变，出色的讲故事方法却是从商业诞生的那一天起就不曾改变的：一个品牌如何进行自我介绍，直接影响了其产品的关注度。如果广告差强人意，就没有人会关注这个品牌。

通往顾客内心的道路是什么？

人们购物的时候，用的是心，而不是大脑，而好的故事，就是通向每个顾客内心的道路。

希腊人传诵他们的故事，中世纪的吟游诗人歌唱他们的故事，而其后的五百年便是印书馆的天下。几十年前，我们开始在广播和电视中播放故事。如今，我们使用推特、博客和 Vine。不过，即使传播平台和渠道有所改变，出色的讲故事方法却是从商业诞生的那一天起就不曾改变的：一个品牌如何进行自我介绍，直接影响了其产品的关注度。如果广告差强人意，就没有人会关注这个品牌。

今天，优质产品的定义是什么呢？

它对人们的心灵产生吸引力。
它是可以共享的。
它在发布的平台上能接地气。
它能够在纷繁复杂的背景中脱颖而出。

我发现最后一条定义具有讽刺意味。不久以前，只有大品牌有能力在广播、报纸、杂志和电视上铺天盖地地传播自己的内容。但是，如今的营销员不再需要付钱给印刷机构、租用卫星，也不需要购买昂贵的广告服务。你甚至不一定需要销售团队来到处推广品牌。你十分幸运，能够利用互联网，借助网络工具把内容公之于众。不幸的是，其他人也同样拥有这个渠道。互联网营销门槛很低，于是这个领域人满为患，而且吸引客户注意力变得越来越难了。

正因如此，无论大组织还是个体企业家、小公司，都要像媒体公司一样思考和行动，这对他们有着至关重要的作用。毋庸置疑，不管你卖什么，酒、技术或是原创艺术品，你公司的生存，都取决于是否能以最高效率将相关内容传播给最大面积的人群。这不仅限于宣传现有内容，以及让内容为现有客户提供价值，还要吸引一些新客户。网飞公司就明白这个道理，所以他们开始制作自己的电视连续剧。星巴克也是如此，他们正在制作原创纪录片，反映这个有社会意识的品牌的方方面面。红牛也在拍摄原创视频、撰写原创文章，并宣传吸引眼球的运动项目、生活方式和文化。如果你没有进行规律性地发布优质内容，而有些公司却做到了，你就会被它们淹没。你会像百视达公司、疆界书店一样昙花一现。你会像一个购买许多马匹的车把式一样，眼睁睁看着第一批小汽车拉走大批顾客。

这个道理对个人同样适用。不管你喜欢与否，除非你完全脱离于互联网之外，每一个人都会在结识他人之前，上网搜索一下相关情况，从约会对象，到学校或雇主，概不例外。发布自己的内容，对你很有好处。如果你不会发布内容，你便像不存在一样。发布内容这件事需要的钱不多，花费的时间却多得多。因此，你或许有一天得用新的方式安排时间，这种方式和商业学校教授的时间安排法全然不同。

聘用员工、制订策略和销售都很重要，但如果你愿意，便每天从这些事务中抽出几个小时，用来编制内容。这会让你的前途变得不可限量。

你不需要像星巴克和红牛一样，狂掷十亿美元，把自己打造得像媒体公司一样。你需要做的，仅仅是把时间投进去，并且对新兴的社交网络有所了解。我就是这么开始的。当时我并没有几百万美元去宣传"葡萄酒图书馆"。我把相关内容发布在怪异的新兴平台上，包括推特、脸书和 YouTube。这些平台免费开放，使用方便，而且我的做法在当时是独树一帜的，这也意味着我发布的内容会被人注意。而现在市场上有了 Instagram、Snapchat、 Medium 和 Meerkat，还有许多、许多其他社交平台。请修改你的内容，让它们在发布的社交平台上能够接地气，然后根据触及客户感情的要求构建语境，这样才能第一时间把客户吸引到这个平台上来。同时，要对后起之秀保持关注。不妨利用暂时没人使用的平台，让它们为你发挥作用。每一天都有一些人、一些公司编制出自己的内容，构建了自己的语境，成为社交平台的明星。

内容——编制营销的灵魂

➡ 每个人都可以编写出短小精悍的营销内容吗？你如何保证团队一直编写出优质内容？

当然，每个人都可以编写好的营销内容。这完全取决于是否抱着尊重的态度。

首先，要尊重社交平台。比如说，一个四十岁的妇女能发现脸书和品趣志有不同的特点。在前一个平台上，她和朋友及家人交流，在后一个平台上，她一般是购物、开展研究、搜寻观点和寻求灵感。因此，你得围绕这个情况制订策略，并相应地调整你的营销手段。在品趣志，你该发布一些亮丽图片或者超酷信息图，这些有可能被她加入到自己的面板。但是在脸书上，你就应该写一些活跃有趣的状态更新信息，或者有关文化思潮的短文，让她不得不喜欢，甚至自觉地分享。而 Medium 和领英有着类似的学术语境，有时会分享受众。即使如此，如果你有时间，不妨向发布的信息上加入一些独特的东西，这会有很棒的效果。你可以对社交平台的营销内容，包括自己博客上发布的内容，稍作修改后加以利用，对此不必有顾虑——只要保证修改后的内容看起来，或感觉起来不像抄袭的就好。营销手段从来就是随情况变化的。

第二，尊重你的顾客。这意味着，你发布的内容应该是那个四十岁的妇女喜欢的，而不是你自己喜欢的。换句话说，吸引这位妇女购买你的产品或服务的，并非你自己渴望倾吐的内容。至少一开始的时候不要这样做，而且不能经常这样。如果我想售卖葡萄酒，就会发布一些吸引人的逗趣内容，比如"有这五瓶葡萄酒，每瓶不到十美元，就算陪伴八岁儿，也能乐活过一天"。我不会使用"我的葡萄酒出类拔萃的五个特点"这样的广告词。我通过发布顾客喜闻乐见的内容，把她吸引过来，获取她的信任，让我的品牌成为她选择的目标。比起一次性的销售活动，这种方式的长远价值要高得多。

优质的营销内容一般不体现你自己的需求。相反，要考虑你的顾客要什么，并大把大把地提供给他们。

现在说到这个问题的后半部分，这挺有趣的。当你不再亲力亲为地编写公司的营销内容，会是什么情况？如果你们公司发展得足够大，需要依靠相关团队来做这项工作，会是什么情况？

这种情况处理起来很棘手。曾几何时，你把自己的思想精髓和心神灌注到你的品牌或公司中，让它发展壮大，现在却要教别人怎么接替你的角色了。我认为这个目标可以通过潜移默化来实现。从创业伊始、雇用第一个员工的时候，你就要着手做这件事。请聘用乐于学习的员工，并和他们保持紧密的联系。请和他们交谈，让他们协助你思考，并参与到各项事务中。一般来说，你的意愿是把自己的观点、想法和价值观体现在公司事务中，并让员工有很多机会去参与。如果他们正确地领会了品牌的精髓，并懂得如何尊重平台和消费者，他们就能恰如其分地按你的方式编撰营销内容了。

➡ 每个访问我网页的人都是为了自订音乐。我是否应该让用户使用自订音乐之前先浏览营销内容？

你的这个想法本身就体现了你的问题。你想让用户使用自订音乐之前先浏览营销内容？你会搞得一团糟的。这表示你的目标是寻求你的价值，而不是为客户创造价值。人们最不喜欢的就是被耽搁。但是，他们却一定喜欢被吸引。因此，请向他们提供一些内容，可以让他们乐意多耽搁十秒钟，或四分钟。或许，你可以上传几个反映你音乐创作过程的视频，或者一份简短的推荐文字，你可以用这段话向人们打招呼，并分享当天的一些想法。请把这些内容制作得富有个性色彩，使它们也能够吸引人们访问你的网页。就像人们泡酒吧，不太可能只为了玩飞镖，但这个游戏却使泡吧更有乐趣。

如果你想卖广告位，想促使人们花更多时间逗留在你的页面，并以此吸引广告客户，你就得策略性地进行这项工作，不能让消费者觉得很难得到他们需要的东西。请像超市经营者一样思考。超市知道你一般是为了购买日常食品而来便把牛奶和鸡蛋放在离入口较远的地方，所以你必须走过整个超市，才能拿到需要的东西。在这段路途中，他们会在货架的封端和正面摆出形形色色的货物，好让你多买一些，但他们不会堵住路，让你拿不到牛奶，或者让你不高兴地下楼离去。

➡ 如果想白手起家吸引一群粉丝，或创建一个网络社区，最好的方法是什么？

请每天都发布优质的内容，并以此为中心吸引别人。

这个问题真的就是这么简单，却又这么困难。没有人可以凭借巧合功成名就。而编制内容的能力，只不过是游戏中的一环而已，只占全部要求的1%。只有1%的社交媒体大腕是单凭编制内容的能力成功的，但其他人却需要累得脚不点地，才能吸引人们过来看自己发布的内容。你可能有一个绝佳的创意用来制作YouTube节目，但如果不能把内容推送出去，你就没有以此建立网络社区的资本。如果你不花工夫吸引别人，就很少有人会看你的内容。内容和人气是相辅相成的，在创业初期尤其如此。

每天都推送内容是有难度的，如果你以高标准要求自己，就更难做到了。但你得努力尝试。终有一天，攀登的意愿会占据上风，纯粹的动力会汹涌而来，你能对所有工作应付自如。但是，如果你希望享受名望、金钱和荣誉那惊人的美好感觉，这些工作便永远没有止境。不管你是在品趣志上发表图片，在Snapchat发布图画，在Instagram上发布照片，或者在写好的博客上发布一个视频，你都要尽量做到每天有所行动。每一天，BuzzFeed都全天候推送海量内容，其主题五花八门。赛斯·高丁却另出机杼，每天只推送一次最优质的内容。在内容出色的情况下，两种办法都是可行的。如果你跟不上这个速度，一周六天发布内容会比五天好，五天会比四天好，四天也比三天好。如果你的创意和精力只够一周发布一两次内容，好吧，那也算是一回事，但会减少你获取出镜率的机会，而出镜率正是这场游戏中需要的。

请给人们一些期待。请让自己处于人们的视野之中。请根据人们的评论采取行动，或者想办法吸引人们，这样才能营造出一种语境，让人们知道你是谁、知道你正在努力、知道你重视这件事。要用尽一切办法，让他们把你的名字告诉不认识你的人，或者让他们谈论关于你的话题。要苦干，同时也要巧干。你完全可以同时做到这两点。

➡ 我工作的公司能推出很棒的内容，但我们并没有拥有预想的客户参与度。如果通过推广我们的脸书、推特和领英帖子，从而提升客户参与度，是否有意义呢？

从执行难度来说：这是可行的。如果你能准确地定位目标，推广帖子这个办法几乎总能得到良好的效果。我现在也可以详细谈谈怎么运用推特和脸书广告，但你在第九章和第十章可以找到相关内容。那么，就让我们讨论一个问题吧：你们确定自己的内容像想象的那么好吗？

记住，你们需要推出顾客喜欢的内容，而不是自己满意的。有一个简单的方法判断你的内容是否有价值：查看原始客户参与量。多少人分享了你们的内容？多少人发表了评论？你们的视频获得了多少点击量？如果你们能在浏览内容的人群中激起反响，他们能够花时间去分享这些内容，那就是好消息。要引起注意。

然后，请观察大局势。有多少人真正购买了你们的产品？你们通过提供免费章节卖出了多少书？销售量在什么时候有所突破？请对以上因素保持关注，并注意这些因素对你们的营销网站或手机软件的影响。

让我们做个假设，比如你们的客户参与量不尽如人意，但你们有充分的自信，认为你们的营销内容质量很高，话题切中要害。那么问题是否出在你们的推广方式上？这种方式是否适合发布内容的平台？你们使用的话题标签是否正确？你们制作的链接是否恰当？你们的内容长度适宜吗？你们的商标放在正确的位置吗？毋庸置疑，每个社交平台都有独特的推广细节，是否恰当地处理这些细节，可能决定了一份营销内容的成败。你是否每一次都掌握了这些细节？（如果你需要复习，就请看《引诱，引诱，引诱，出击》，我在其中详细讨论了每一个此类细节）

正因如此，内容和参与度一般是相辅相成的。其中一个的好坏，几乎总会影响着另一个的作用范围和效果。

➡ 长视频和短视频哪个更好？它们的价值在哪里？

质量压倒一切。在 2007 年，雅虎和谷歌分别请我乘飞机去加利福尼亚，教授三十分钟的"葡萄酒图书馆电视"如此成功的秘诀，而他们当时的所有研究都表明，人们更喜欢短视频。八年以后，许多营销权威人士仍然宣扬这样的理论，说视频必须短小精悍，否则没人会看。但这并不正确。

只要视频质量好，不论长短我都喜欢。《阿凡达》的时长超过三个小时，但人们喜欢它，可以从头至尾看下来。还有一些 Vine 视频仅有六秒，但人们都不会看完。视频长度并不能决定它的质量和价值，关键是你传递的信息，以及你在相应平台的框架内如何发挥。

➡ 当一个新开办的小型社交平台频道无人问津时，如何赢得粉丝？

在"葡萄酒电视台"创办之初，仅有的观众就是我妈妈和几个朋友。但是节目的质量确实很棒，而且我努力投入，所以节目声名鹊起。这就是你唯一可以做的事：推出优质的内容，和为数不多的观众互动，然后通过合作，在其他人的平台上推送内容或客串发帖，这样才能冲出去，让自己的内容赢得人们注意。如果你今天在看"听听加里怎么说"，你会感觉到，我虽然教别人要每周七天、每天 24 小时地全身心投入吸引观众，但我自己并没有这么做。确实，"葡萄酒图书馆电视"并不侧重于观众互动。但是，每天节目播出后，我仍然会花三十至九十分钟读观众留言、和他们互动，而且我每天都能看到四五条表示感谢的留言。从这件事来看，我其实以我的节目为载体，利用十年来苦心经营的观众基础赚钱。希望你有一天也能如法炮制。

如果你想争取粉丝，还有一件事或许是可行的：问问你自己，是否有足够的发展资本。如果你认为自己确实有独特的内容，只是没有找到合适的受众，或者没有引起关注（在最坏的情况下，这种认知是脱离实际的；在乐观的情况下，则是大胆进取的）。这样的话，你或许需要找一个在"商业拓展"方面比你强的人进行合作。这值得一试，因为如果失败，也只不过揭示出一个事实：你在想入非非，你的内容其实平平无奇。

➡ 加里，如果有一个现役的专业运动员，或者退役的运动员，甚至是一个后起之秀的运动员，想要树立自己的品牌，也有望获得资助，你对此有什么建议？运动员应该开办官方网页吗？现在媒体公司备受青睐，运动员是否应该沿袭这个思路去发展？

是的。

一个运动员退役的那一天，就比前一天大大贬值了。在过去几年里，退役运动员贬值的程度令人瞠目结舌，甚至 MVP（最有价值球员）和名人堂成员也概莫能外。因此，在你运动生涯的各个阶段，不管是发布内容，还是通过某些方法传达你的观点，都要坚持在球迷面前频频亮相，这是至关重要的，比如说，德里克·杰特就刚刚在自己的网站"运动员讲坛"上发表了对于约吉·佩拉死讯的感想。我想发布内容是很重要的，因为它可以为退役的运动员打开创收的渠道，比如公开亮相、对话交流，以及其他一些机会。

对于一个较年轻的运动员来说，这可能会决定是"全国大学生体育协会"的一类院校还是二类院校愿意招录他，因为一些招生人员可能就是看到一个与其相关的精彩瞬间视频，才开始对其关注的。把录像带发到各个学校的做法已经过时了。现在，大家都把内容发到网络上，希望像其他幸运儿一样，遇到自己的伯乐。最后，这也是防范主流媒体的一个有力手段。主流媒体经常胡乱报道运动员，或者对他们的话断章取义。有了自己的平台，不管是社交媒体还是个人网站，运动员们就有了合适的手段，在这个媒体只顾着自我推销和伪造头条新闻的时代，让他们走投无路。

在运动员职业生涯的每一个阶段，个人网站和品牌都是至关重要的——不管是过去、现在还是将来——它们使运动员能够用自己的方式进行交流，从而创造出巨大的价值。

➡ 你说要每天发布优质内容，那我可以加入借鉴性素材（即通过自己理解引述别人观点）吗？如果可以，这种混合性内容会是什么样子？

我发布过大量的原创内容，这颇让我引以为傲，但是我同时也暴露出一个最大的缺点，就是缺乏借鉴性素材。我应该像盖伊·川崎一样，在这方面多下功夫。你知道他发布了多少借鉴性素材吗？有几百份呢！我乐意去编写借鉴性素材，因为这是一个聪明的办法，但是我不擅长借鉴，就像我不擅长引述书中内容一样：如果我要引述书本内容，必须先进行阅读。但我有许多、许多重要的事情要花时间处理，就只好放弃阅读了。但是，如果我向原创内容里加入借鉴性素材，便会获得更多关注和机会。借鉴就像吸收了其他人的内容，然后用自己的声音倾吐出来。在这个语境压倒一切的世界上，借鉴这个技能尤其重要。

各个社交平台已经意识到，如果允许用户把相应的语境糅合到内容中，就会让内容更有价值，他们也正开发这类工具，让人们更方便地做到这一点。

我之所以对 Tumblr 投资，其中一个原因是这个平台允许转发博客。我也喜欢推特上的转发引用功能，用户转发时可以另外再写 250 字。如果你能对乔治·克隆尼的婚礼或苹果公司有一些看法，又能把这些看法糅合进受众的语境，不管受众的语境是在听音乐、餐厅用餐、做瑜伽还是种南瓜，这些看法就具备了真正的价值。

➡ 我是否应该等网页全部建设完毕之后再发布内容，还是可以两边同时进行？

索尼公司的前总裁汤米·莫托拉有一次私下告诉我，他总是要做好销售准备之后，才让旗下的广告艺人在屏幕上露面。他的思路是，如果一个粉丝看到艺人表演，受到了鼓动，于是跑到店铺去买 CD，却发现要一周后才开始销售，那就浪费了一个机会。在这个情况下，等待是有意义的。你的目标是什么呢？是卖出东西，对吗？如果你想达成自己的目标，不管这个目标是卖出一个产品，还是让人们为某件东西、某件事来网站注册，你操作的唯一平台就是自己的网站，那么显然应该先建好网站。但问题是，和你类似的情况如今多么频繁地发生？我们又多经常把生意局限在自己的网站之内？

在维纳媒体公司创办之初，我们的网站在许多人看来就是垃圾。我们没有提及自己的工作，也没有提示客户去看。从网站看来，我们像是关门歇业了一样。我是故意那样做的。我们是一个新的机构，而我是戴维（意指新手或年轻人）。当你是戴维的时候，就不要企图玩巨人的游戏。我要确保同行的大公司不清楚我们究竟发展到了什么规模。当你在一个领域是新手，又想在竞争对手的眼皮底下生存时，这是一个非常有帮助的策略。你可以通过发布自己的内容、借鉴性素材、增添语境来体现你的创意，还可以发布原创内容，这些内容不一定要涉及你的生意，但可以让你树立起权威的地位，让你的网站成为人们集中讨论某个话题的地方。

如果你可以在线下达成商业目标，就不妨放手去做，你不仅要经营生意，还要自我推广，这样才能建立起影响力和资本，让你以后想把人们吸引到网站时能如愿以偿。永远不要浪费时间或机会。在线下做生意的时候，要避免给人留下混迹社交平台的印象。如果你能够自然而然地在某个地方赚钱，或者实现自己的想法，就在那个地方发展吧。你知道吗？另外还有一个窍门。即使你的网站全部完工了，也不要放弃线下的生意领地。要利用好手头的每一条渠道。

➡ 如果我说话带着外国腔,是否就不该使用播客或网络视频?

因为我的所有亲人都带着俄罗斯口音，我可能也有这个倾向，因此我听到俄罗斯口音时，就觉得挺舒服，像在家一样。有没有这么一些美国人，觉得带异国口音的人，是不可信赖的、低人一等的？有的呢。到处都有傻瓜，但是有更多、更多的人觉得口音毫无问题。显然，这是因为美国最成功的企业家中，有许多人确实是有口音的。你听过谢尔盖·布林说话吧？

你永远不可能取悦所有人。我没有外国腔，但许多人也不喜欢我说话的方式——爱咒骂，而且态度傲慢又逞强。但任何事物都有正反两面。让某个人疏远我的东西，可能恰好就让另一个具有不同观点的人接近我。如果你觉得自己能熟练地用网络视频或声音播客与人沟通，就向这方面努力。如果你确实做得好，顾客会来找你的。如果你做不好，就不要向这方面努力，因为顾客不会来，这和你的口音也没有关系。不妨试着做 180 天，看看效果如何。看看什么方法有效，什么没效（要诚实！），然后调整策略，决定沿着这个方向继续努力是否值得，要不就另寻出路。

➡ 如果你来自非英语国家，是否应该用英语制作视频，好扩大受众的范围？或者说用母语制作视频更好?

答案很简单：你试图沟通的人群说什么语言，你就用什么语言。因此，如果你想要交流的是说母语的消费者，你就应该用母语。唯一的例外情况是，如果英语是你们国家的第二语言，而且 80%-90% 的国民都适应英语，那也可以用英语。如果英语在你的目标市场有较大的影响力，那就只用英语好了。

尽管如此，你可能既想和本土受众沟通，又想和英语受众沟通。在脸书上可以实现这一点，只要你提早利用定位技能，按语言和区域划分受众，规划传播方式，决定你的内容被谁接收。而在其他平台，你就无法如此轻松地定位，但有些人可以创造性地解决这个问题。我以前就有个客户，在推特和品趣志上用西班牙式英语，因为这种语言在这两个平台上有市场。你为什么不能效仿这些策略呢？

➡ **我的业务正在发展，寻求共同编制内容的合作伙伴。招揽这类合作伙伴的要诀是什么？金钱吗？还是预期的出镜率？**

你如果想和某些人建立联系，就要知道怎样鼓动他们。如果你有足够大的平台来提供出镜率，有人会愿意免费效劳的。在你看来，戴维·洛克为什么提出无偿为我拍摄短片呢？因为他知道这样能让更多人认识他。从长远来看，有些经历比钱财更有价值。我之所以乐意让别人免费为我工作和忙碌，是因为我知道，这是给他们一个露脸的机会，是帮助他们。我同意戴维·洛克拍摄《云和尘》的时候，就抱着这样的想法。我料到自己会得到一部很酷的短片，而他会得到一些对他的职业生涯有帮助的东西。这就像一场公平的交易。但是，我后来认识了戴维的其他才能，我意识到他给我带来的东西会比一部五分钟的短片更有价值。他可能带动我全部的视频拍摄业务。因此我扑过去抓住了他。而正因为他构建了这个节目的基础框架，它才可以持续下去。对于每一个潜在客户，不妨提供他或她最看重的东西，量身定制适合他们的沟通方法。这种方法可能是金钱，可能是你的人脉，也可能是出镜率。采取何种方法，要通过研究来决定，不要想当然。

➡ **你编制一份内容需要多少时间？你会不会感觉拍摄视频更自然，所以主攻视频？**

我善于说话，所以一直把视频当成表达想法和观念的最佳渠道。制作视频有时候并不容易。我以前得拿着一台卡片相机跑前跑后，从头到尾跟踪这个复杂的过程，然后才能将视频发布到网络上。现在，我有时会使用推特的视频软件，那样便可以直接利用推特手机客户端发布视频。因此，从技术上说，我编制视频内容比以前方便多了，几乎不用花什么时间。如果你发现我发布的书面内容增多了，那是因为我有一个团队，能够恰如其分地把视频改编成一份份有趣的书面内容。

我从来不刻意地考虑在视频里说什么，或者该把视频做成什么样子。我就是顺其自然。在我们生活的环境里，十四岁的女孩都会慢悠悠地调试灯光，花四十分钟去拍一张照片。如果照片没有获得足够的点赞，她们就会把它撤掉。我最不在乎的就是灯光和角度，因为我知道自己挺帅。我真正在乎的是内容，这才是我全力以赴投入的东西。

➡ 你以前曾说过"再利用"推特内容，那其他的内容，比如博客帖子该如何处理呢？你多久会从旧纸堆里找出一份内容，抖掉灰尘，然后重新发布出去？

我较少对内容进行再利用，但现在有一个团队协助我改编内容，我可能会考虑多利用一些旧内容。实际上，我们一直有这样的打算，把"听听加里怎么说"的精华转换成文章、信息图、动画图片和短片。我真心觉得，对旧内容进行回顾是有意义的（虽然我承认自己很少这么做）。如果你访问自己的网站，把某份受众反馈良好的内容改编出 2.0 版本并发布出去，那将是颇为有趣的。

但是，如果你准确地运用"引诱、引诱、引诱，出击"的手段，在不同的平台集中精力发布内容，那将比利用旧内容更有价值。在我写这本书的时候，我已经开始投入更多时间浏览不同平台，截取一些认为有价值的素材和图片，准备进行再利用。

➡ 我为公司制作社交媒体内容，每份图片帖子花费十到十五分钟。这些帖子上是手绘的，或电脑绘制的描字，而手绘的帖子收获的点赞比电脑绘制的多得多。但手工描字很花时间，我想没办法每天在社交媒体上发布一份这样的帖子。我该怎么办？

我怀疑许多艺术家也处在这样两难的境地。质量和艺术操守是很重要，但你不能让自己被完美主义耽误了。当你付出了努力，获得的回报却不成比例，你就需要做出调整。你有时十分肯定自己无法在截止日期前完成任务，却奇迹般地完成了目标，这样的情况发生过多少次？当我们逼迫自己时，速度和效率都会变得令人惊叹。

内容会带来机会。如果你编制内容的速度赶不上受众的要求，或者不够赢利，你的生意就无法延续。因此要提高速度。不妨做一些练习，看看自己在两个小时内最快能达到什么程度。即使你对成果不满意，或者受众反馈不如平时，也要连续这样练习若干次。第一，实践会提高你的效率；第二，你的受众可能依然会喜欢你的作品，你会因此而感到惊喜的。

➡ 我想让自己的网站像病毒一样飞速扩散，让销量和出镜率得到提升，由此把网站提升到一个更高的层次。我该怎样做？

内容，内容，还是内容。这是一种诱饵毒品，会带来订阅量、销售量和其他一切好处。如果你还处于起步阶段，显然你只需要付出努力，尽可能多地发布优质内容。但是，如果你已经经营了一段时间，收获了一些成果，树立了自己的声望，又想更上一层楼，那该怎么办呢？如果你想扩大规模，却不必花太多钱，方法就是把你的品牌资本当成一种优势利用起来。找到一些能给你带来价值、又能通过涉足你所在行业获益的人，向他们提供机会，让他们在你的网站上发布内容。你可以付一些报酬，但有很多喜欢谈论你的行业或主题的年轻人或退休人士，会愿意为微薄的报酬做这件事，甚至愿意免费来做。因为他们相信，从长远来看，你的品牌资本会产生和金钱一样多的价值。请谨慎地选择——确保你联系的人为你提供的价值，能够等同于你为他们提供的价值。然后你们便可以携手合作、互利共赢。当一个项目成功了，大家都觉得有自己一份功劳时，你们团队就会热情高涨，编制的内容也会达到一流的水准。

➡️ **你说过，你浏览的社交媒体内容不多。但要发布切题时兴的内容，多浏览内容不是必要的吗？**

我之所以能编制出这么多切题而优质的内容，是因为我倾听粉丝的声音。我不需要观看其他节目，也不需要关注其他意见领袖，去探听人们在烦恼什么事情、谈论什么话题。这些事情，我每天通过电话就能知道了。因为我善于倾听，我就可以编制出反映粉丝需要的内容。而且我的内容同样也扩散到了粉丝圈子之外，反映了其他人的需要，这证明了我的职业素养。因此，我觉得你可以把和我互动、浏览我内容的人当作我浏览的"内容"。这样做的好处是，他们中有许多人具备其他的兴趣爱好和专业技能，涉及了从科学到音乐，以及介于两者之间的各个领域，这也让我获取了大量的"内容"。

➡️ **社交媒体上的哪种头条新闻会对你产生吸引力？**

通常是让我吓一跳的新闻，比如"纽约喷射机队重新陷入困境"。我没法具体地告诉你哪种头条新闻会真正吸引我。我知道的只是，如果我点击了某一条新闻，就意味着编写纸条新闻的人干得挺出色。

媒体的"蜂鸣反馈效应"是具有其影响力的，我都要接受这个事实。如果《纽约时报》使用了俚语，并且把一篇文章的标题写作"……的五种方法"，你就该明白，这个方法已经成为主流了。所以，不管你是为慈善事业筹钱，还是在卖靴子，你都需要擅长编写这类吸引眼球的文字。如果你做不到，你就会有麻烦。当然，随着我们中越来越多人开始运用此类标题，消费者会渐渐习惯，然后一些新的方法又会冒出来。你要时刻警惕，争取成为第一个预测到这些新事物的人。

➡️ **在你看来，过度修饰的图片和文本外观对 Instagram 帖子的真实性会产生怎样的影响？**

这取决于你想要达到的目标。如果你是一个摄影师，你就不应该去修饰照片，因为你要展现摄影艺术的魅力。但是，如果你的目标仅仅是吸引别人，在图片上加点东西可能会带来良好的效果。受众最终会找到你的内容，他们喜欢它，他们会让你知道。如果他们不喜欢，也会让你知道，就算只是以沉默地不理不睬来表示，也是一种反馈。如果你喜欢自己的作品，他们就更有可能喜欢。所以，千万不要去模仿别人，或者追随某种潮流。要以热情和赤诚投入你的工作。决定你是否有创意的，是你的目标受众，而不是某个自认为万事通的纽约喷射机队粉丝。（是的，说的就是我，把这个帽子扣我头上吧）

平台——选择营销的天堂，或地狱

➡ **如果你拥有一个曲棍球队，你会如何利用 Snapchat 进行宣传？**

我认识到这么一点：Snapchat 是一个年轻化的平台，其内容对年纪 13—35 岁的人都有吸引力。我会引用图片、举办竞赛，并想出一些办法——这些办法应该是对这个年龄段的人有真正吸引力的，让他们相信我正倾听他们的声音，并对他们的关注心怀感激。我不会为了争取 40—60 岁的长期客户而操心，因为他们现在不在这个平台上活动。虽然我觉得 2018 年之前他们会转移过来，但现在我不会去操心。对于任何一个想要创建真正的客户联系、争取忠诚的年轻粉丝的团队而言，Snapchat 都是一个埋藏着大量机会的金矿。

➡ **对于新兴的顶级域名拓展名市场，你有什么看法？我们见到一些拓展名卖出了好价钱，比如 dui.attorney。这个市场会像人们料想的那样蓬勃发展吗？维纳媒体公司会不会参与这个市场的角逐？**

新兴的顶级域名拓展名游戏对我真的很有诱惑力。我想，它基本上会依据供需关系的规律来发展。事实上，.com 的域名有巨大的价值，因为在互联网发展的早期，市场上只有 .com、.net 和 .org 类的域名。因此，如果你想要注册"car（汽车）""wine（葡萄酒）""tennis（网球）"等域名，.com 就是一个可以实现目标的地方。但互联网上只允许存在一个 car.com，却有数千人想争取这个域名。而当市场进一步接受了新兴的顶级域名，.com 域名将会失去价值。我想顶级域名会打开潘多拉的魔盒，引发许多有趣的现象。从另一方面说，我也预感到人们会比较懒，想要教他们新的行为方式并不容易。因此我也有理由推测，.com 域名会在相当一段时间内保有原来的价值。

➡ 博客和影客哪一个比较适合发布营销内容？

你的长项在哪里呢？如果你擅长一件事，就可以办好它。我文笔不好，但是伙计，我可以制作一级棒的视频。所以我要集中精力做视频，并把视频的文本誊写任务委派给其他人，这样才能确保喜欢阅读视频内容的人可以读到它们。

自从我开办"听听加里怎么说"节目以来，我花了许多时间观看其他的视频节目，也有许多人请我看他们制作的同类节目。许多节目充其量也不到平均水平。显然这些人并不擅长制作吸引人的视频节目。他们中有许多人可以通过插图、动画片、文章或播客，更好地传递他们的理念。他们需要致力于发挥自己的长项，为他们的想法寻找一些其他的载体，并把一切投入其中。我打赌，他们的客户参与度和普及范围会有非同寻常的提升。

➡ 我在 Instagram 有三万九千名粉丝，每张图片能获得 250 个赞。我还管理着所在公司的 Instagram 账号，这个账号却有六万名粉丝，每张图片也能获得 250 个赞。我在管理自己账号方面有什么问题吗？

理论上说，这两个账号的粉丝数差距这么大，每张图片获得的点赞数不应该是一样的。之所以发生这种情况，是因为你公司的粉丝与你的相比，具有更高的忠诚度。说到点赞这件事，Instagram 用户更喜欢、也更愿意回复陌生人账号的内容，其他平台的用户也是如此，其中原因我们却不得而知。或许点赞的那些人就是陌生人。或许他们喜欢你发布的一张图片，却不喜欢其他的，也把你给忘了。

几乎没有人会去自己账号里取消对失去兴趣的个人或品牌的关注，因为做这种麻烦事不值得。而根据脸书的规则，系统只会向用户推送他们定期浏览的账号内容。我想，这个做法将来会被其他平台效仿。

那么，该如何恢复你的粉丝对你的兴趣呢？不妨看看，你在自己账号和公司账号分别发布了什么内容。有什么区别吗？这个问题是 Instagram 上做营销的人尤其要探究的。在 Instagram 这个地方，人类的感情占首要地位。以前，公司账号上的图片都是人物，而个人账号上则充斥着建筑和隧道的图片。这些图片都不错，但它们不会引起人们的反响。Instagram 以前没有综合以上两者特色的图片，但这样的图片却是人们需要的。如果你在任何其他平台经营着一个以上的账号，其中一个表现良好，其他的却差强人意，你也需要做同样的分析。不妨试着把一个账号中有用的因素引进另一个账号中，看看是否有帮助。

➡ 我是否应该把文章发布在博客上，然后提醒社交平台的粉丝去看？或者应该直接发在领英、脸书、Medium 等社交平台上？或者应该两边同时发布？

大部分人认为新手营销员应该拥有自己的营销内容，并发布在自己的网页上，这样才能从中赚钱，一般是通过廉价出卖广告位赚钱。问题是，如果你仅仅把内容放在自己的网页上，你就只能依靠访问量了。对大部分人来说，网页访问量不会太大，至少访问量不会让人满意。但是，在有一些平台上，人气的发展空间并不取决于你的声望，而取决于你的内容质量，如果你把内容发布到这些平台上，就会获得许多粉丝。我在许多地方有影响力，也有许多粉丝，但我仍然喜欢 Medium，比如说我某次在 Medium 上发布一些内容，我可以看到 1950 个人读过这些内容，而且其中多达 700 人从未听说我的名字，这会让我感到相对自信——700 个人从此认识了我，可能会访问我的网页，或者点击我在推特或脸书的账号，或者在他们的网页分享我的内容。如果类似的事发生在一个只有 400 名粉丝的人身上，这会对他或她的品牌或公司产生更加巨大的影响。简而言之，不要太过操心是否拥有自己的营销内容、是否从中赢利等问题，在早期尤其如此。不妨通过任何可行的途径把内容发布出去，晚一点再操心赢利的事。

➡ 宏盟集团最近建议大家把 25% 的广告预算投入网络视频和网络空间，你怎么认为？

在营销方面，网络视频是叠罗汉的顶端，因此我完全支持把花在传统媒体上的费用转移过去。但我看到许多人的钱投错了地方，转移的方向也不对。如果你让人们仅仅把 25% 的广告预算投入到网络视频，他们可能会觉得，只需要投入 15%–20% 把视频制作出来就好了。但是，视频的质量和内容本身决定了 80%–85% 的传播效果。因此，花这些钱的目的不是提升视频质量，而是让视频传播更广。内容和传播效果的关系，类似于内容和参与度的关系——如果想达到你要的效果，两方面应该齐头并进。如果把大部分钱花在制作直白的宣传内容上，向网络视频追加投入是不会给你带来任何好处的。对于大部分营销者来说，在线视频就是 YouTube 上的前置式广告——大部分消费者会按 Tab 键离开，或者在广告播放的十五秒钟内去看手机，把广告忽略掉，也不会真正去购买相应产品。或者，他们觉得在线视频就是弹出式视频——人们要花三十秒看这些视频，然后才能浏览真正想看的文章。你知道，那是一些可怕的、不速而来的、令人厌烦的废话，偷走了我们最宝贵的财富——时间。因此，我每次听别人建议营销者把广告预算投入到在线视频上，都觉得那是把钱花在没人需要的内容上，这种建议是毫无意义的，因此是极坏的建议。

那什么是好的建议呢？

花费 25% 的广告预算，去制作真正优质的网络视频，这些视频要给你的客户提供价值。

如果你制作的视频不好，即使把它发给一百万人，谁又会在意呢？

要制作出有趣、吸引人的营销内容，让它对你的目标客户说话。要考虑在不同平台上，如何用最接地气的方法推广这个视频（包括脸书广告和 Snapchat，及许多许多其他社交平台，但前两者尤其重要）。

➡ 我有两份工作，环境互不相同。我要如何运用社交平台，才不会让受众感到混淆？

要做到这一点，有几个方法。让我们先假设你的两个工作分别涉及商务和葡萄酒。有一个策略——可能是我建议的两个策略中较为简便的一个——就是在每个平台都创建两个账号：在推特上创建两个头像，在脸书上创建两个页面，在品趣志上创建两个面板，以此类推，然后努力经营好两个账号的相关话题。

另一个较难的策略是成为一个文艺复兴分子，你要在两个工作领域都打造出品牌，这样大家就都知道，如果想和你打交道，从这个账号也可以，另一个也可以，而且两边都能获得优质的信息或消遣。但是，即使你做到了这些，你仍然需要用更优质的内容和脸书广告锁定具体受众群，以确保你锁定的人看到了你希望他们看到的内容。你需要根据每个平台对内容内容进行调整，保证你的受众总能获得需要的内容。

➜ 如果直接把内容发布到脸书上，有什么办法可以提升访问量吗？

脸书是一个对内容质量十分敏感的宝地。如果你发布一个文章或视频的链接，有足够的人点赞、分享和评论，你就可以退避一旁，让这种受关注的情况自行发展下去了。

但如果你想要发展快一些，或者避免风险带来的损失，不妨积极地利用脸书广告，发布一大堆废话式的观点。这种做法是肯定有效果的。

➜ 我把品趣志的账号和推特账号关联起来，我每次在品趣志发布内容，就会自动转发到推特，这样做有问题吗？

是的，这种做法是错误的。你上推特的目的是什么呢？就是要把信息推送出去。那么推送信息的最佳途径是什么呢？就是编制适合这个平台的内容。你可以直接在推特上发布内容，为什么要把推特当成品趣志的二传手呢？把Instagram的内容自动转发到推特，这或许是一种有效率的方法，但转发结果不见得有吸引力。

➡ **我在脸书上发布了一个视频，一天之内被点击了 2700 次，分享了 35 次。而我在 YouTube 上花了一年时间才争取到一样的点击量。我是否应该专门在脸书上制作视频？**

如果有一个对的粉丝，价值就胜过了 2000 个其他粉丝。因为这个原因，我从来不建议别人全然放弃某个平台。谁也不知道实际情况怎样，说不定 YouTube 的浏览者中，有一个就是你所在行业的头面人物。你完全可以同时把视频发布在 YouTube 和脸书上。内容可以类似，通过做一些小修改，确保视频能够分别适应两个平台，并能使两边的受众以实际行动做出反馈。尽管如此，我对脸书的共享性十分看好，这个特点对许多新手来说，是有很大作用的。

➡ **你这么看好脸书视频，是否计划不再向你的网站嵌入 YouTube 视频，而改成脸书视频？如果你不靠它赚钱，这样做是否更有好处？**

关于脸书视频和 YouTube 视频孰优孰劣，人们一直争论不休。这是因为，两个平台评估点击量的方式不一样，就像 YouTube 现在所说的，它是以"观看时间"评估的。但是，我更注意利用脸书可能带来的扩散效果，胜过了关注 YouTube 上的十万次点击量。当你的目标不是赚钱时，扩散效果就是最首要的，而脸书提供了工具，让你的粉丝可以方便地分享你的内容，还可以介绍陌生人过来浏览。脸书给了你一个机会，让你可以给别人留下良好的第一印象，而且我觉得在脸书上发展新粉丝的机会比 YouTube 多。但这并不表示 YouTube 不是一个强大的平台，也不表示你要放弃 YouTube 订阅量带来的价值。而错过脸书带来的机会，也是一个错误。在这本书写作之时，脸书的嵌入产品还没有推出，这个平台还比较笨重。但是，如果它做到了这一点，未来就会运用这种模式了。

➡ 品趣志真的是一个出色的营销平台吗？像餐厅这样的小企业该如何利用这个平台？

以前，品趣志只是一个分享其他平台内容的地方。但是，大约是在过去一年里，网民越来越重视视觉内容，因此品趣志成了必不可少的新搜索引擎。许多人把品趣志当作视觉搜索引擎来使用，这个市场比大部分人意识到的要大。男性使用品趣志的次数也大大增加了。我想谷歌的大腿应该在裤子里战栗吧。现在，我们来说一个小企业如何利用品趣志的问题。请想想视觉相关的问题吧。在这方面，信息图的表现真的很出色。如果你经营了一家餐厅，不如分享美食的靓图，或者厨房和办公室的幕后场景。也可以拍摄餐厅外的街景、左邻右舍和同行餐厅，让人有一个印象，觉得你同时在现实环境和网络空间付出努力。要像一个媒体公司一样办事，发布有趣、有价值的内容，这些内容不一定是你觉得有趣、有价值的，而应该让你的顾客有这样的感觉。要脱离一个餐厅的范畴，像"美食网络"或"查格调查"的经营者那样思考。

➡ 如果有人想扩大生意的规模，却没有像你一样的性格，而且和人相处感到别扭，你对他们有什么建议？

要把自己打造成一朵鲜花，让蜜蜂来找你。你知道的，我很愿意去发挥一个人的长处，却不一定重视他的短处。如果你性格内向，不喜欢经营人脉关系，就不要逼迫自己去闹腾，也不必去参加各种和人们打交道的会议。相反，你可以发布优质的内容，让你的工作为自己做广告。此外，可以向你所在行业内有影响力的人物发邮件，和他们互动，努力让他们明白，如果让你在他们的博客或网站发布内容，将会产生多大的价值。通过这种做法，你便不需经营任何人脉，只需要以传统方式付出努力和发挥才能。

➡ 作为房地产经纪人，在推特上获取客户信任的最佳方法是什么？

倾听客户声音、吸引客户和编制内容。

倾听是比较容易的。这件事是如此简单，所以我——就是我，在房地产方面毫无经验的一个人，只要花费十五分钟，使用推特搜索功能，找到十三个想买新房的人就可以了。既然我做得到这一点，任何一家房地产经纪人也都可以做到。

吸引客户应该也不难。如果某些人正搜寻公寓或房屋，或者计划搬到他们公司所在地，便找到他们，询问他们的需要。我能为您做些什么呢？您的目标区域是哪里？价位区间在哪里？我之所以知道这些方法，是因为我看到一位名叫杰森·格兰特的房地产经纪人发布了一条推特，说他尝试了我的建议，成了行业内的佼佼者。

这些方法是有意义的。如果你参加一次鸡尾酒会，结识了一个正在找房子的人，难道你不会把名片给他，对他保证你乐意效劳？你每天都可以运用这些方法的！

最后，像每个行业的成功人士一样，发布相关内容。回想一下，在过去二十年里，电视上播放了多少房地产相关的节目？推高这些节目收视率的，不仅仅是市场上的购房者，还有梦想着新房的观众、设计爱好者和建筑爱好者——在这些人中间，有许多或许有朝一日真的会换房呢。所以，请编制出像《产业兄弟》一样吸引他们的内容。

请熟悉你售卖的房屋周边的环境，访问当地学校的校长、当地的葡萄酒商人、小店铺和周围邻居。对客户讲一些相关情况，让他们觉得居住在这个地方是温暖而舒适的。还有用高质量的数据证明这些情况，让人们觉得，你为了实现他们的最大利益，正在切实地付出劳动和了解相关情况。

这种创意和吸引手段已经有先例了。早在 2009 年，当我出版《粉碎它》的时候，我看到有人拍了一个视频，把卡片相机固定在汽车上，这样一来，他开车经过一个个居民区的时候，网友就能陪伴着他游览，同时也能倾听他的想法。这是一个新鲜而有创意的动作，获得了很大的影响力。令人意外的是，几乎没有人能够很好地运用这种方法，所以房地产经纪人如果想由此一展拳脚，还有很大的空间。

➜ **在你看来，品牌推广应该在所有社交平台全面铺开，还是只需要选择一些热门的平台？**

两种方法都不合适。如果一个品牌在某个平台还没找到恰当的营销模式，就不应该在那里上线，如果在那里没有顾客基础，也不该去发展。

如果你卖的是成人纸尿裤，我想，即使这款纸尿裤很畅销，Snapchat 也不能帮你卖掉。如果你卖的是针对十五岁女孩的自拍杆，脸书也不是一个理想的平台。如果你的目标客户是六十岁的白发领导层，不妨考虑领英。如果是二十五岁至四十五岁的妇女呢？当然选择 Instagram、脸书或品趣志了。二十八岁的年轻小伙子呢？那就品趣志吧，选择的对象并不多。

重要的不是社交平台的规模，而是你试图争取的客户。请考虑好要把东西卖给谁，然后去他们喜欢的平台做推广。

➜ **我知道你不擅长使用自动操作工具，但这是事实。关于对什么运用自动软件，何时自动操作，你是如何计划的？你是如何运用自动操作营销软件的？如果你是 HubSpot 的顾问，你对这个公司有什么想法？**

让我说清楚吧：千万不要自动生成内容，以此冒充编写的内容——换句话说，就是不要这样进行虚假的互动。千万不要这样做。尤其在推特上更是如此。其中理由，将在下文详细说明。

但是，这并不意味着永远摒弃自动操作软件。

在确认接受网络订单、登记、订阅，以及和客户进行电邮通信的时候，自动操作是十分有用的。这样能向客户回应，让他们知道自己的邮件或订单并没有消失在茫茫网海之中。客户会因此感到放心，因此这是一种良好的客户服务方式。

就是这样。现在你明白什么时候可以使用自动操作了吧。在其他任何情况下，基本上都不要使用。理由如下：

1.这让你显得缺乏诚意。

我们不应该用自动操作取代真人互动。即使是自动回复的邮件，也不该签上自己的名字。你可以签上公司的名字，甚至是"你公司的名字 + 团队"

这样的格式。但是，除非你真的手打出客户的名字，并点击发送按钮，这封邮件都不能算出自你的手笔，也不能以你的名义发出。

　　想想看，在当今世界，一个人亲自给你答复有多大的意义。社交媒体用户如果得到一条他们仰慕的对象发送的推特或者称赞，不管这个对象是公司还是个人，他们都会十分重视。让我们做个假设：比如你向推特上的一个粉丝直接发送一条信息："谢谢关注 @ 任何人！"，你就会让这个"任何人"觉得你真的参与互动了，但实际上却不是。这不仅仅是缺乏诚信的问题。这就是垃圾做法。如果你在脸书上向一个粉丝自动发送信息，性质也是一样的。我觉得，亲自说一句简单的"谢谢"，是否真的要花那么多时间？

　　有人认为，在这个繁忙的世界上，为了节省时间，用自动操作软件模拟人类行为是可以接受的。这种想法和社交媒体的真实性和透明度是完全背道而驰的，而正是这两个特征，让社交媒体变得如此独特而美好。因此，自动操作的底线就是：如果自动操作的用意不会误导别人，让人觉得是真人所为，我就会喜欢这种方式。

　　2. 这会让你陷于不可控的状况之中。

　　请看看新英格兰爱国者球队的例子。当他们在推特上的粉丝达到了一百万之后，他们是如此高兴，于是便决定向每一个转发他们庆祝贴的粉丝自动发送一条反馈信息，里面有一件定制运动衫的图片，运动衫上是那个粉丝的用户名。不幸的是，其中一个粉丝的用户名很吓人，我不会在这里重提这个名字，因为我是人类，还没笨到去重复这么一个丑陋的字眼。但是电脑就有这么笨，因为它不是人类。于是它绘制了一件运动衫，上面就是那个惹人厌的推特账号名，并发了出去。于是整个网络一片沸腾，让爱国者队追悔莫及。

　　如果在波士顿马拉松赛举办期间，所有人都让推特账号自动运行，那会出现什么情况？我见过我朋友的账号自动发布攻击性内容，而我的订阅信息里则充满了可怕的血腥图片，我疯狂地私信发图片的用户，警告说这种做法可能会毁了他们的品牌。如果你在一次全国性灾难期间，在推特上发布了"我们的新方针奏效了，多么伟大的一天！"，那别人究竟会怎么看待你？最好的情况是，大家说你对灾难不关注，最坏的情况是，你就是冷漠无情的。在这个万事万物都具有实时性的世界上，自动操作是危险的。你不能让主流媒体挑出这类毛病，因为这可能会终结你的职业生涯。对我而言，这种后果带来的损失大于自动操作的便利。

3. 这让你成为一个讨厌鬼。

有些人在会场上显摆，把名片塞到你手中，就转向下一个人，却从不在这之前说"你好"，你见过这样的人吧？不要做这种人。没人喜欢这种人。社交网络应该是圆融的。如果你只是索取，却不懂得给予、感谢和关心，最后人们都会对你背转身去的。

现在，如果你下定决心，一定要进行自动操作，你可以做一件事，让自动操作能够让人接受：对它进行人性化处理。让我们假设有人对你自动发送的推特做出了反应。这很棒。但不要就此罢手。要尽快回来，继续处理这条推特。要确保粉丝知道这次真的是你本人，而且你感激他们花时间看你的订阅或网页。努力建立这种真实的联系。在这件事上，没有哪个机器人会做得比你更好。如果这听起来太过感性，请相信我，不是这么回事。这是实际的，因为真实的联系建立起来的时候，废话就没有了。自动操作会让你丧失围绕内容建立真实语境的能力。

自动操作和许多人工作的宗旨是相矛盾的，和社交媒体时代的特征——真实性、透明度、诚信和关怀，也是背道而驰的。运用自动操作的底线是要达到一种平衡。这既是一门艺术，也是一门科学。太多人对科学投入太深，又有一些人太过偏向于艺术，做了许多难以评估的事。对于附庸风雅的嬉皮士精神，我明显感到欣赏的，因为在社交媒体上，那些认真参与的人，能获得更多进步的机会。

第七课

营销组合拳——"引诱、引诱、出击！"

你和改变生活的目标之间，永远只有一份作品的距离。

营销组合拳：引诱、引诱、出击！

关于"引诱"和"出击"，我能再说一些什么呢？

引诱：是指你发布的诱导性内容，这些内容对受众有娱乐、转移、吸引、告知的作用，或者能让你的受众参与进来，与他们建立联系。它能帮你打造品牌，提升人们对你和你所代表事物的认知度，并打下基础，让人们在合适的时候迎接你的"出击"。

出击：是指你发布的直接营销内容，比方说打九折的广告，展示新产品系列的广告，或者就是简单地说一句"来买我的东西"。

这听起来是如此简单，但如果要利用合适的"引诱"和"出击"制造出足够的影响力，就需要细致的方式、良好的改进技巧，以及对每个营销平台受众心理的深刻理解。在品趣志需要的"引诱"方式，就和推特上的完全不同。如果你在 Instagram 上"出击"，使用的却是一些脸书上发布过的内容，也不会有效果。每个平台都以不同的语言与它的用户对话，你得学习这些语言。不管我随便浏览哪个平台，都会发现大部分人对于这些语言还不能熟练掌握。你想知道更多相关细节吗？那就去看我的第三本书《引诱、引诱、引诱，出击》吧。

我要说的就是这些了。

➡ 在这个社交媒体／数字世界时代，你对营销员有什么建议？

如果你没把自己当作一个营销员，就不要跳过这个问题。这是因为，如果你经营着一块生意，想获得任何一种收益，你就是在做营销。所有做营销的人都需要遵循一个基本原则：不要太早结束"引诱"的过程。

大部分人没有进行足够的"引诱"——即向客户提供价值，便拉回架势，开始"出击"——即推销产品。他们关心销售，胜过关心客户的利益，这种做法每一次都会适得其反。当年，我为什么会决定制作"听听加里怎么说"这个节目呢？是不是因为我没抓到公众关心的焦点呢？那时候，我已经获得了大量的媒体关注，所以不是这个原因。那是因为我知道，很多企业家、经理人和营销员仍然在寻求指导和激励。我意识到,有一种模式可以让我和他们建立联系,但我以前没有试过。我想这种方法不仅有用,而且有趣。你固然想做事有策略,但首先要遵循提供价值的原则。有多少人在发布内容,提供免费的产品,或者和人们互动?应该有很多吧。但是现在,有多少人做着这样的事,却不乞求任何回报?那就很少、很少了。你要成为这少数人之中的一员。当你无所要求时,人们会感觉得到。有趣的是,在没有压力或义务的情况下,他们倒更愿意做出回应。

这是我能给出的最佳建议。我还有其他的建议:

1. 来个扫堂腿,就像《龙威小子》里表演的那样(我说的是拉尔夫·马奇奥和帕特·莫里特演绎的原版,而不是杰登·史密斯和杰基·陈演绎的新版)。当我调整状态,准备来个"出击"的时候,这简直就是我的心声。你需要学会这种技巧。通过什么来学会呢?诚实的态度。不要怯生生地绕弯子。不要自作聪明。

只要、只要、提出问题。

如果我是丰田的总裁(我说这句话的时候是认真的),我会在"超级碗"比赛中这样打广告:"你好。我是加里·维纳查克,丰田汽车公司的总裁。我希望大家买我们的车。我要怎样做才能让你们买车呢?请不吝赐教。"对我来说,这是一则优质的"超级碗"广告。不要去管小马,也不要管老鹰和聪明狗。这些都会把我们的注意力从主要问题上引开,这个问题就是:我要怎么样才能得到你的订单?此外,这则广告的风格和基调和其他广告全然不同,很可能引起人们的热烈反响。

2. 研究脸书广告,因为它对客户的定位是极其出色的。请参阅第十章,里面有更多相关内容。

3. 把推特搜索引擎当作你的顺风耳。我们不妨做个假设,比如你正在为许诺铅笔基金骑车环游加拿大,每天都在 YouTube 上发布相关视频。我曾经和这个节目的一个粉丝聊过,他就是这么做的。如果你想要别人捐款,却不想无休止地向别人索取,你就可以上推特搜索引擎,寻找正在谈论许诺铅笔基金的人,然后加入他们的谈话。但是,不要试图把大家的注意力吸引到你身上,比如这么说:"你也徒步穿越了阿帕拉契山道,筹集了两万美元?好呀,我也做了一样的事呢!"在推特上,你应该以倾听进行"引诱"。你加入某个圈子,对他们的成绩只能做出这样的反应:"嗨,那真是太厉害了。"你只需要互动，表现出兴趣和关注，就很可能诱使对方看你的头像和推特帖子，从而让他知道你所做的全部事情。因此，你要以倾听进行"引诱"，然后以帖子内容进行"引诱"，让别人知道你正代表许诺铅笔基金筹集善款。祝贺你——你的双重"引诱"最终形成了一次"出击"，后面你就只须扮演一个好人的角色了。

4. 创造好运气。如果你正在做一件高尚的事，比如为了许诺铅笔基金骑车穿越加拿大，或者像另一个节目的粉丝一样，为了庆祝国家公园管理局成立百年纪念日，游览了全国五十九个国家公园，那就不妨向全世界宣布你的所作所为。可以 Instagram 和 Meerkat 直播频道分享相关图片，利用你的内容，让人们有机会发现你，自己也有机会获得出镜率，并向商业方面发展。

5. 在领英上，可以通过头衔搜索用户。所以，如果你的目标客户是金融服务机构的总裁，便可以直接找到这些人了。

➡ 如果想把"出击"做得像"引诱"一样，最佳方法是什么？

不要这样做。

让我们再重复一遍。

不要！

99% 的营销员和公司都试图把"出击"表现得像"引诱"一样，但是他们失败了，因为人们感到自己受欺骗的时候，会有不好的反应。请诚以待人。如果你不能以客户利益为出发点，便不妨按自己的喜好去做，但不要以获利为目的。在"听听加里怎么说"这个节目中，我除了和观众分享天生的智慧和多年来的工作经验之外，没得到任何好处。我不要任何回报。虽然，你将来会知道我也是有所要求的，但现在请相信我的话。几个月以后，你会看到我索取的一面。这是因为，不管你把这本书当作一本书、一次研讨会、还是一件稀罕的玩具，那时我都会明明白白地说："现在，买下这件稀罕玩具吧！价格是 9.99 美元！"我肯定在这本书上市之前，我会对别人提起它。或许你现在读着这本书，就是因为你免费看了两百多集，觉得应该买一本。或许等你看完了书中内容，就会觉得有含金量，值得买一百本分发给员工、团队伙伴或身边的人。

在营销中不要作假。该付出的时候便付出，以真诚和慷慨的态度全力以赴。反之，请别人买东西的时候也不用犹豫不决。你又不是特蕾莎修女。该推销的时候便推销，只要把意图说明白就好了。因此这个问题的答案很简单：没有什么办法能把"引诱"和"出击"表现得像一回事似的。你的"引诱"应该是清楚明白的，而"出击"更该让人一目了然。

➡ 我在"引诱"方面做了很多工作，但是收获却不大。你有什么建议吗？

有些拳击手懂得"引诱"的技巧，但是"出击"的招数却不够有力，不足以击倒对手，即使这些招数完全落到对手身上，而且对手也没有防备，也收效甚微。你可能不善于做收尾工作。或许你应该找一个比你优秀的营销员合作，让他对你的能力进行补充。你应该找一个搭档，这个人的"出击"技巧应该是很出色的，可以让你高超的"引诱"工作达到效果。

还有一个可能，就是你兜售的产品和你的"引诱"工作在价值上也不成比例。比如说，这本书的价格配得上我之前发布的几百集免费视频，但你可能只在"引诱"中付出了微小的价值，却索取两万美元的回报。这种打算很可能会泡汤。"引诱"和"出击"的价值要互相匹配才行。

➡ 从最初提出构想，到最后推出产品，这个过程中该如何影响客户，让他们帮助宣传？

既然你们已经通过提供免费产品聚集起一些受众，那你们真正的需求是什么？应该是这样的吧：要怎样既把东西卖给他们——比如一本书、一处工坊、一件 T 恤、一张昂贵的烧烤网，任何你们的产品，又让他们口口相传，好让他们的朋友也来买？这里有两种方法，可以让你达到目标、招揽生意：

1. 制造优质的产品。比如说，写出一本令人叫绝的书，开办一家改变人们生活的工坊，或者制作出质量更好的烧烤网。想要吸引人们，最好的方法就是推出优质的产品，让消费者觉得物超所值。这是人们一般都会提到的办法。

2. 主动向客户提出你们的需求。想要他们访问你们的网站、分享你们的视频、购买你们的书，或者加入你们的工坊吗？不要吝惜你的"出击"动作。要提出要求。如果在这之前，你利用自己的内容很好地进行了"引诱"工作。你的"出击"会不偏不倚地集中消费者的心，为你们招揽生意。

➡ **Instagram 很适合进行"引诱"，但如何利用这个平台"出击"呢？**

我相信先发制人的道理，总是去尝试新事物，因此我知道这个问题的答案。在我使用 Instagram 的最初几年中，我只在上面进行"引诱"，比如在上面发布一些自拍照和快照。但是 Instagram 请求用户在上面进行销售，于是我便顺势行动了。从"听听加里怎么说"开播以后，我便开始在上面进行"出击"了。

有一段时间，我只发布一些时长十五秒的"听听加里怎么说"视频，它们的字幕只有这么一句话："请看我的推特账号。"这是为什么呢？因为我改变了推特账号的链接，让它指向本期真正的视频。这一次，你们也要改变链接，只有这样才能吸引到 Instagram 以外的客户，而且让他们买你们的产品。这就是你们这个平台上进行"出击"的办法。具体操作如下：

1. 在 Instagram 上发布一份有创意的内容。

2. 在这份内容中吸引人们去看你的账号。

3. 在账号中创建一个链接，指向 Instagram 之外的网站，并在这个网站上进行推销。

我希望你们能试验这个"出击"的策略。它是值得一试的。如果没有效果，便继续在 Instagram 上进行"引诱"（如果不怕花钱，不妨以点击式广告替代"引诱"内容，这是不错选择），然后在脸书和推特上"出击"，因为这两个平台比较适合"出击"。行动！

➡ **我一直根据自己的经验（房地产方面）进行"引诱"，但我从没想起发展生意这件事。我该怎样实现转变，找到需要进行"出击"的产品？**

我看到这个问题的时候，我的第一个想法是，答案简单得要命。我的第二个想法却是，对于真正为这件事奋斗的人来说，这个问题其实是非常复杂的。毫无疑问，你可以把这个问题简化一些。许多人都分享了他们爱好的内容，比方说漫画书和电子游戏，并在分享的过程中，几乎以巧合的形式开办和创建了自己的公司。这种事是有的，而且很了不起！我做事的方式却有些不一样。对我来说，把葡萄酒和社交媒体方面的经验转化为销售额是易如反掌的，因为我从一开始就坦然接受了自己做生意的角色。我经营着一家葡萄酒公司和一家社交媒体机构。这永远是我身份的一个组成部分。

但你并未接触过这两家公司。你纯粹依靠自己发布的内容获得人气资本，对自己内容中的主题和专业知识所蕴含的商机却没有正视。因此，建议你这样做：你可以用一份带个人署名的内容来搞定这个问题。如果你愿意的话，可以是一份宣言。不管宣言的格式是一部时长五分钟的视频，还是一份长篇书面内容，你都要坦率地描述目前的状态。

比如说，你可以这么说："我发布了许多内容，但是我还是一直在做房地产销售。我希望能和更多人互动，看看能否更加直接地帮助你们，因此我会发布更多的内容，里面是具体房源信息和一些其他的商机。如果您感兴趣，请更进一步，发表一些评论吧。"

你还可以试试这样的发言："我想要全职从事我爱好的工作。不久前，我开始在易趣网上出售我的一些漫画书，因此您可以在这个网页看到相关信息。我只想明明白白做事，让大家知道我没有玩任何诱售游戏。"

这就是解决办法了。你只要编制这样一份带署名的内容，陈述你的真实情况，而且在将来也能对它进行回顾。

➡ **有没有"过度引诱"这一说法？你是否曾经为了营造神秘感而藏着内容不发布，或者忍着不参加互动？**

这个问题问得好。实际上，这是两个问题。

1. 是的。有人做过"过度引诱"的事。实际上，我之所以写了《引诱、引诱、引诱，出击》这本书，是因为我当时意识到所有的社交媒体新手都只会"引诱"。这些做营销的人沉迷于完美的"引诱"，却忘记了要做出狂风暴雨式的"出击"。他们总是时髦而活跃，却抓不住重点。

2. 是否存在某些公司，你在其中完全不应该去"引诱"？当然有的。你知道是什么公司吗？

苹果公司。

苹果公司就在做着"出击"的工作。请看看他们的社交媒体参与度。谈论这个问题不会花费你多少时间，因为他们的参与度不高。苹果公司制订的策略很简单：做出最好的产品。然后他们达到了这个目标，于是便掌握了市场。他们既不"引诱"，也不在社交媒体上一对一地和消费者互动。他们只是以最高的水准推出了最好的产品，而且知道怎么推销。但有些品牌不进行"引诱"，想以此显得与众不同，但这种想法是行不通的。你固然要在自己的领域达到一流水准，但也要把品牌打造成一种稀有而珍贵的资源，因为可能有一些人会迎头赶上。

我可以尝试一下这种做法。如果我对外宣布，从现在起我发布的所有内容，从网站上的文章到"听听加里怎么说"节目，全部都要加上收费墙，如果你想看一集视频或几篇文章，就得支付四美元，那会发生什么情况？有多少人真的会付款？我知道结果是什么：你们中有 90% 是一毛钱都不会出的。

我现在的策略是免费提供一切内容，如果你们中有 10% 付钱，我的收益就比现在高了。不过问题的关键是，我喜欢"引诱"这个工作，喜欢积累人气资本和存在感，喜欢别人传播我的视频和文章，让更多的人认识我。因为这是我奋斗的动力。我喜欢和别人相处，也喜欢打造一个品牌的奋斗历程，我知道自己卖出东西的时候，我提供的是优质产品，而人们也会来购买。如果我抱着其他的观点，我便会走上另一条路。我会立起一面收费墙，会玩欲擒故纵的游戏，会制造神秘感，让人们花许多钱才能一探究竟。我会建起一个私人的小岛，让你付钱才能参观。但我现在不想这样！不行的。我会为粉丝和消费者守着开放的网页，全天二十四小时，全年无休。这样做感觉才自然，我喜欢这样。

是什么驱使你去奋斗？如果收费墙会给你带来更高的利润，你会怎么办？你要分析自己的职业生涯，考虑好对你的长远发展最有帮助的因素，即使这个因素和我，或者其他人建议的完全相反，也没有关系。你很可能要尝试许多不同的"引诱"和"出击"搭配方法，才能找到节奏。有时候是一些"引诱"加一些"出击"，有时候没有"引诱"只有"出击"，有时候又只有"引诱"。要坚持尝试新方法。要了解自己的能力，以及周围人群的喜好，并根据这些情况去做事。

➡ 如果我的"出击"就是"请观看我的网络连续剧！"，怎样的"引诱"才能有效地为它做好铺垫呢？

你的内容本身就是"引诱"。你的意图是，从自己的连续剧或者原创片段中截取一些林林总总的小片段，把它们以本土内容的形式发布出去（本土内容是指与发布平台环境相适应的内容，比如和脸书或 Instagram 的环境相适应），而这些内容会吸引人们去看你网站上的内容。但你的"引诱"一定要做成"诱饵"。不要发布像这样的帖子："我有过的最棒的想法是……欲知详情，请访问我的网站！"这样是站不住脚的。请发布优质的内容——即向别人提供价值的"诱饵"——让别人愿意花时间去看，从而顺道访问你的网站。但是，这也并不意味着你在那些社交平台上不能"出击"。

我从 2015 年夏天开始在脸书上发布长篇书面内容，得到了无比热烈的反应。人们感激我，因为我描述了连贯的经历，让他们节省了时间。现在，你的粉丝并不是不想访问你的网站，只是被其他地方吸引去了。那么，就把你的好东西发布到那些地方去吧。

➡ 你"出击"后，能感觉到免费服务和付费服务有何不同吗？

除了吸引受众的数量多少，它们并没有什么不同。毋庸置疑，如果内容是免费的，人们肯定会比付费时多看、多读、多尝试。但是我建议，如果你要在某个地方"出击"并收费，就在脸书或推特帖子上写明这一点。我已经认识到，如果让消费者清楚地知道下一步计划，就能更好地吸引他们。

➡ 你的"引诱"和"出击"手法有许多是以"商对客"受众为目标的（即葡萄酒和书籍方面的顾客），这些手法对"商对商"客户又有什么样的影响呢？

我不常向"商对商"客户"出击"。所以，即使你见过我发这样的推特："你好，请来维纳媒体公司做生意吧！"这种内容也是凤毛麟角。但我的"引诱"却是经常针对他们的。我努力表现出深思熟虑的领导方式和精确的预测能力，我越经常这样做，看见的人就越觉得他们做生意需要我这样的人。我发布的内容成了引诱注册财务策划师和商务顾问的诱饵毒品，而我们公司获得了显而易见的利益。

如果要编制大量"商对商"内容，难度要更大些，这个情况是人尽皆知的，因为这类工作技术性更强，并且要迎合更小众的人群。因为你的把握更小，所以就要对每一份内容区别处理。如果要编制出一份吸引人的"商对商"内容（这种内容一般比其他种类的内容内容更严肃，篇幅更长），就要比"商对客"内容要更严谨、更努力。

请记住以下的话：不管你的受众是谁，你和改变生活的目标之间，永远只有一份作品的距离。你认识的每一个人，起初都是籍籍无名，如果他们做出树立自己声名的事，这种情况才有所改变。人们也不会重视哪一个摇滚明星或说唱歌手，除非他们写了或演唱了出色的作品，因此登上排行榜。那些著名的投资人以前也都是无名氏，直到他们的投资有了丰厚回报，这种情况才有所改变。现在，虽然不能指望所有人的作品都达到麦当娜或克里斯·萨加（著名投资人）的水准，但这些作品还是有可能改变你的生活。因此，如果你喜欢某个东西——例如音乐、摄影、饮食文化、博物馆，不妨向大家说出你的观点，即使只有一个人听也没关系。因为你需要他做的只是从社交网络把你的观点分享出去，从此开始传播你的声音——你和心想事成的目标之间，只有一份内容的距离。

不过问题是，大部分人没有能力编制这样优质的内容。我知道这个过程是艰难的。能力很重要。想要被人发现，你就得足够优秀。

此外，你的观点还应该是正确的。如果我发布一份内容，说脸书将要收购 Instagram，人们都会说我是傻瓜，但这件事如果真的发生了，你猜会怎么样？我就不是傻瓜了嘛！而且我的名声会家喻户晓。如果你在领英发布一份白皮书，让你的总裁正确地预测出产业因特网、金融市场、最高法院和税务改革等领域的改变或趋势，你也会家喻户晓的。现在，如果我说衣料技术不会有所变化，因为衣着都只是一时风尚，人们也会觉得我是傻瓜（因为这个领域会形成巨大的市场）。这样的言论就不会让我进步。它只会带来巨大的压力。要区分一份内容是让人进步，还是让人裹足不前，质量是主要的指标。

➡ **我所在的公司很严格，我认为在执行品牌战略方面过度严格了。如果要在社交平台上处理和发布内容，尤其是"引诱"性内容，又不想违背公司的品牌战略，最好的方法是什么？换句话说，我要不要告诉他们，要对泛泛的内容宽容一些，因为我们是在社交媒体上运作？**

告诉他们宽容一些。在过去的五年中，我花了许多时间研究大品牌和他们的战略。首先，那些战略是百分百主观的。它们通常只由一两个人制订，这些人把持着权柄，充当法官和陪审团的角色。如果想以纸媒、广播和电视那样的方式处理社交媒体上的内容，是不现实的。不管你是想发布内容，还是想构建出在这些平台取得成功必要的语境，这么做都是不现实的。现在的问题是，当你提出"宽容"的建议时，他们并不会放松下来，说一句"你是对的！"大品牌（以及这些品牌的决策者）依然非常努力地维持他们的战略。

然而，这并不意味着一个品牌不应该保有与自己声望吻合的特征。我的意思是，社交平台具有灵活性，终端客户也会对内容有自己的理解，这会给人更大的发挥空间，而且这个空间比大部分人想象的都要大。

➡ **你觉得网站的登录页面做成"引诱"式的（就像一个博客那样），还是做成"出击"式的比较好？**

这取决于你的生意类型。如果你的产品性质决定了人们只有在登录网站的有限时间内才能看到它们，那就把网页做成"出击"式的。但是，如果你售卖的是信息，或者想提升品牌知名度，或者你已经在"推销状态"下很久了，那就需要用相反的套路来抵消"出击"的影响。如果想恰当地回答这个问题，我可能需要知道你的公司或组织在过去一年到三年间的业务种类，并找出你的目标。一旦获得这些信息，我们就可以制订出与之匹配的策略。正因如此，我们平时才必须制订一个策略、一套准则或信念系统来指导自己的行为。做事情是不能敷衍了事的。

➡ **如果你可以向自己的受众问一个问题，由此了解自己是否在正确的轨道上运转，你会问什么？**

我最信奉的行事方法就是直接提出要求。我最近写的一本书，基本上就是讨论这种方式的。我并不怕向受众要求反馈，最好的方法就是直接问他们：“你觉得我的节目怎么样？”或者是“你觉得我的服务怎么样？”但这只是第一步。诀窍在第二步，这时你要问：“它和一年前相比怎么样？”通过这个问题，你得到的就不仅是眼前的印象，而是还有关于你工作发展趋势的大局。这也是同样重要的，因为情况看上去不错的时候，实际上可能是停滞或僵持的，对于我来说，停滞或僵持才是真正的资本损失。

➡ **你采取过的最有效的书籍推销手段是什么？**

书籍销售的第一诀窍是：在你写书之前一年或者两年，就开始推销这本书。在“听听加里怎么说”开播的第一集，我就开始推销自己的下一本书，虽然那时我对新书还没有任何思路。时间就是我最重要的资本。我热爱时间胜过金钱——这就是它在我心目中的价值。但是，我每天都花时间娱乐人们、促使人们思考，并向愿意为我花时间的人提供价值（谢谢你们）。我花时间和全新的受众打交道，因而为自己的新书发展了一批新客源。当这个问题在网上播出的时候，我推销的就是你们现在拿在手上的书。那么，你们该问了，这本书出版之后，我在最新的剧集中又会宣传什么呢？那时我琢磨的就是其他东西了。

有许多人不懂书籍销售的第二诀窍，这种人数量之多，令我感到惊异。这个诀窍就是：比起作品，人们更需要接触一些其他资源。作家们总是向消费者提供特殊优惠，比如买三本纸质书便赠送一本电子书。我试图做得更好一点。我做过一件事，大大提升了我四本商务书籍的销量，那就是直接售卖人们最希望从我这里得到的东西——时间。如果你买了一定数量的书，我会在你的视频博客开办一次现场问答，或者去你的学校进行访谈，甚至为你制作一集祝寿视频。粉丝们总是希望和自己喜爱和仰慕的作家多一些相处的时间。那就让他们梦想成真吧。

第三，利用社交媒体进行"引诱"，由此吸引大批新粉丝。要创作出精彩的作品，这样才能赢得人们关注。要积极地创造价值，并获得影响力。还要进行一对一的营销。

第四，争取实现不可能的目标。这意味着，你要避免犯一个许多作家都犯过的错误：大量群发邮件。这些邮件的内容通常是："亲爱的朋友，我很少做这样的事，但是我有一本书快出版了，如果您能惠顾，我将会万分感激……"这些作者想提高销售效率，结果却会一塌糊涂。除了他们的姨妈或者死党，谁会为这种标准化的、缺乏人情味的指令而感动？

2013年11月，我出版了最新的一本书，在那之前，我一封接一封地写信向人求助。"亲爱的比尔，上个月在尼诺的会议上见到你，真令人高兴。我介绍你认识的那些人，你是否和他们保持联系？是这样的，我写信给你，是因为我有一本书要出版了，如果您能惠顾，我将会万分感激……"

看见这封信该怎么写了吧？我一封又一封地这样写，对每封信都赋予不同的个性化色彩，因此收信人知道我把他们放在心上，并且真正珍惜和他们的友谊。我也没有让他们以施恩的方式购买书籍。我对他们如实阐述了这些书对他们、他们的朋友或员工的用处。

第五，为自己创造机会。2014年秋天，播客现场开通了。因此我对所有新注册的播客用户进行了大量采访，取得了一些成果，我称这种成果为"资本套利"——做法就是：两个人或者机构联合起来，互相提高出镜率，从而获得收益。当我在别人的节目中亮相时，在那整整三十分钟时间里，我几乎没有提到自己写的书。相反，我尽量向他们的听众提供价值。这是我的一个策略，这样便能让他们明白，我是他们可以信赖的和认真对待的一个人。从那以后，这个策略便流行起来，不过现在播客数量太多，争夺听众的竞争太过激烈，虽然在别人的播客做客还有一定意义，还可以推销自己，但作用却不如以前了。不过，当你读这本书的时候，或许又有一些新的平台出现了，等着像你一样的人们以创新的方式利用它们，从而获得影响力和知名度。

最后，记住这一点：不管你是卖书还是按摩椅，不管是在社交平台还是实体店售卖，如果想吸引消费者，就要牵动他们的感情。当你吸引到他们之后，便要表现出自己的价值点。而他们掏钱的时候，便要退避一旁了。心、脑、钱包。每次都要处理好这三件事的关系。

第八课

网络社交平台这么多，我应该选哪个？

2020 年之前，哪个现有的主流社交平台会消失？

社交平台的现状和未来

讨论互联网的现状，对某些人来说，已经成为和讨论运动、音乐和名人一样的爱好了。多年来，总有五到十五个社交平台对我们的社会产生巨大影响。不管是十年前的博客和聚友网，还是今天的 Instagram、Snapchat 和脸书，都助长了人们的话题，例如股价如何波动、社会如何发展，以及各种各样的新鲜事。这些社交枢纽像以前的电视、广播和杂志一样，融入了我们的日常生活。它们也影响着人们的想象力，于是人们对它们更是津津乐道了。

和社交平台有关的问题都具有挑战性，这是因为，它们现在的状况可以归结为一句话——总在变化之中。但是，我对以下问题和答案进行修改和润色时，我意识到分析不能产生真正的价值，只有社交平台领域出现的整体模式才蕴含真正的价值。技术能让我们的文化和社会发生翻天覆地的改变，但这种改变既不是空前，也不会绝后。我们仍然在这里，人们仍然在创办公司和实践创新，世界仍然在运转。我希望这一章内容能让营销者和品牌经营者们不再害怕改变，并能欣然接受它们。

整体局面：

➡ **如果又出现一个大型社交平台，它会以什么方式挑战脸书、推特和 Instagram？**

社交平台成功的要诀有两个。

1. 赢得年轻人的市场。如果有一个社交平台，会让 Snapchat 看起来像是老年人的聚集地，这个平台就会成为超级明星了。

2. 功能非常强大。Instagram 原来只是一个发布美图的地方，后来人们发现它有助于提升摄影技术，它的地位便今非昔比了。而图片会带来视觉上的亲密感，让人们觉得和其他用户更亲近，最后这个平台也开发了视觉方面的功能，更提升了人们的亲密感。

总而言之，如果你想创办一个主流社交平台，便主攻年轻人还未发现的东西，而且这些东西必须是他们以后不可或缺的。

➡ 2020 年之前，哪个现有的主流社交平台会消失？

　　两个最脆弱的平台是 Tumblr 和谷歌＋，它们之所以脆弱，主要是因为处于大集团旗下。根据我对推特的了解，我坚信杰克·多西会找到办法，让它与时俱进，并继续迎合未来用户的需要。但 Tumblr 属于雅虎公司旗下，虽然有种种独立的条款，它仍然是一个大型股份公司的组成部分。对于谷歌来说，则表现出这么一种迹象，如果哪个部分经营不善，公司就会壮士断腕，不管之前投资了多少都没有区别。显而易见，谷歌＋就是经营不善的。谷歌可能会放弃谷歌＋，对它进行重组，并将来重新再利用。但我认为这个处置挺合理，因为谷歌＋岌岌可危的状况是众所周知的。

➡ 有些社交平台在国外的流行程度不如美国。比如说，"猫鼬"在德国就仅仅是一种可爱的动物而已。我们花时间在这些平台发布内容，并坐着等待回馈，这是否值得？

　　以前，"猫鼬"在美国也只是一种可爱的动物，"脸书"只是一种大学名录，"推特"是欢快的鸟叫，"潜望镜"则是水手观察潜艇外环境的工具。每一个平台都有它的潜力，但如果你在那里抢先登陆，并且在大部队到来之前扬名立万，那就有无法估量的价值了。

　　我有许多钱，而且我以实际的态度停留在一些无人问津的社交平台上。有些创业者没有钱，只有初始的能力和时间，却怀疑是否应该在某个社交平台发展壮大、产生利益之前抢先登陆，对于这种人我无法理解。你没有钱和大腕们竞争，所以大声叫嚷，可你不想把时间浪费在免费的东西上，于是也大声叫嚷？这样有什么意义吗？

　　你可能在某个社交平台做到捷足先登，也可能等待好几个月才发现它前途黯淡，前者可能带来的好处却远远超过后者可能带来的损失。当一个社交平台不是特别有价值时，我可以屏住呼吸，花五个月到七个月时间守在那里，这样它产生价值的时候，我就已经到位了。等这个平台开始登广告、因此价值更高的时候，我就已经在上面叱咤风云两年了。所以，没错，不管你在哪个国家，花些时间挖掘一些尚未流行的社交平台，都绝对是物有所值的。

　　如果你的公司规模不大，或者刚刚创办，就该加倍重视这条建议。和更大、更有钱的公司相比，你唯一的资本就是初始的能力和时间。因此，你要在其他资本进入新的社交平台、造成变数之前，每天凌晨三点工作到早上七点，为自己在那些社交平台争得一席之地，并且要胜人一筹。如果你这样做了，就会把美国企业界甩在后面。在你频频出击得手之后，那些规模更大、更有地位的竞争对手才会发现这个社交平台已经成为主流，但它们十有八九得花大量时间才能获得领导层审批，把资源转移到这个平台上来。与此同时，你依然在频频出击，争取更稳固的地位，建立客户关系，发展品牌知名度。请在一个社交平台的营销环境成熟之前，就把它的价值榨取出来，这样一来，等到它的价值增加的时候，你就已经奔向下一个目标了。

YouTube

➜ 我在 YouTube 上赚钱谋生。因此，最近总有人问我下一步打算是什么，因为他们觉得 YouTube 前途渺茫。我却觉得它会继续发展。我是应该为了规避风险向其他社交平台发展，还是留在 YouTube？

有人问过同样的问题，他叫马修·圣多罗，在 YouTube 拥有两百多万订阅量。

我大胆揣测，他应该知道自己在做什么。你也要坚持按直觉办事。如果你在某个社交平台发布了内容，发展得风生水起，请坚持下去。但如果你找错了地方，这个社交平台开始走下坡路，世界也不会因此走向末日。我刚工作的时候，就只把视频发布在 Viddler 上，等到 YouTube 上市了，我很快就认识到不该把全部精力投入 Viddler，于是我做了改正，转移到 YouTube 上去。只要及时调整战略，你就不会有问题。

➜ YouTube 上有超过十亿的活跃用户，可你为什么极少在数字推介中推荐这个平台呢?

我不善于承认错误，这主要是因为我觉得自己在职业生涯中犯的错误不多。但这就是我的一个错误。我认为 YouTube 的价值是显而易见的，可能仅次于脸书。不瞒你们说，我当时之所以决定制作"听听加里怎么说"这个节目，有一个动机就是想增加自己在 YouTube 上的出镜率。

推特

> ➡️ **有人在推特上关注几千个用户，这种做法有意义吗？或者是，只需要关注会给你带来价值的人？**

每个人都希望被人关注，尤其希望被自己尊敬或仰慕的人关注。有一次，纽约喷射机队的退役队员戴维·尼尔森在推特上关注了我，我兴奋得不能自己。虽然我在推特上只是 Z 等的名人，但每次我关注了某个用户，他们的反应总让我感到惊异。我希望人们少操心粉丝给自己带来的价值，而多考虑自己的参与给别人带来的价值。

我发明了许多扩大自己影响范围的策略——我把这些策略称为"长度游戏"——但是在推特上，却只有深度这个概念了。我要满足人们的需要，不管他们要的是互动、时间还是关注，我都乐意提供。这也是我制作"听听加里怎么说"这个节目的初衷。它让我可以在深度和细节方面更进一步。发展深度并非易事，因为大家都忙着经营公司和过日子。但客户想要购买产品的时候，你建立的客户关系就会在各方面表现出效果，这是至关重要的。

> ➡️ **我知道营销者在社交平台造成了许多恶劣的影响，但推特最近修改了规则，这会不会也破坏了用户体验，以及这个平台的精髓？**

推特曾经宣布，它会取缔原来的时间流规则，转而模仿脸书的引导和切换模式，从而形成算法规则。当时许多人预言推特会走向灭亡，因为一个社交平台做出改变时，往往就以倒闭告终——顽固保守的用户叫嚣着，威胁着要带着自己的玩具回家。但你却想不到，他们最后留了下来，并适应了新的规则。只要推特还能向用户提供价值，就能保有原来的用户基础。如果有些人坚决不能接受自己的帖子序列中多出来的 7—10 条帖子，这种人才会感到用户体验被彻底摧毁。

你是否有过这样的经验，约会的对象迷死人，但他或她的为人却差强人意？或许你会马上离开，但大部分人不会这样。他们太过看重美貌，于是便继续和那个小气的人相处，即使他或她对朋友颇为吝啬，伤害了他们的感情，也并不介意。一旦美貌的价值无法再压倒糟糕的性情时，他们才会结束这段关系。当然，如果另有一个绝顶美貌、性情良好的人出现，这段关系终结的速度就会加快。在一件东西对你失去价值的那一刻，你才会失去对它的兴趣。

因此，推特改变了规则，目的只是让这个平台上的海量信息更好地服务用户，这难道会毁了这个平台吗？只有那些对推特的新措施一律抗拒的人才会这样想吧。

➡ 我很少在推特简讯上看到"听听加里怎么说"，但我的脸书账号却充斥着与你相关的信息，这是怎么回事？

因为脸书在处理数据方面更胜一筹，能保证你看到的都是感兴趣的东西。推特这个平台则非常、非常繁忙，要在那里获得关注变得极其困难。所以，要改变规则也极其困难。相信我，如果你在推特上看不到和我有关的内容，那并不表示我不在这个平台活动了。

➡ 为什么说推特很像公共浴室中的一堵墙？

我不会反驳你。有些人既想发表意见、从而在网络上占据一席之地，又不想让别人知道这些意见是他们发布的，对于他们来说，像 Yik Yak 这样的匿名应用软件能提供更多的便利。而推特上有那么一些人，一边说着吓人的废话，一边又不介意露出自己的庐山真面目，他们比那些藏头露尾的人更让我感到害怕。

Snapchat

➡ 为什么有这么多人害怕 Snapchat，尤其是营销者？

因为大部分人只想接触自己已经认识的事物。95% 的数字化机构和社交机构的营销者从来没有尝试过 Snapchat，也不知道这个平台是如何运作的。它和其他一些软件不一样，人们浏览的时候是从左到右，而不是从上到下。它还有一个"发现"标签。所以这个平台挺奇特的。而且有些媒体在新闻头条报道说，有些四十多岁的人在这个平台上互相发裸照。那些营销者恐怕读过这些报道，而且也不想花时间去考虑怎样利用这个平台为自己服务。简单来说，就是因为这些因素，所以大部分营销者在 Snapchat 无所作为。

这不是因为他们本身不喜欢 Snapchat，而是因为他们抱着怀疑和抗拒的态度，就像他们对待任何一款新应用一样。于是，他们每一次都见鬼似的在潮流中慢人一步，等后来开始运用这个平台时，又花费过度的金钱和精力努力赶上潮流。

如今的营销领域，是超前思考者、勇敢者和内心年轻的人的天下。如果你害怕创新，在这方面就是暮气沉沉，就会败下阵来。

Facebook

➡ 对于脸书禁用"点赞关卡"一事（译者注："点赞关卡"是脸书上的一个功能，当用户对某个帖子点赞时，可以触发一些隐藏的内容），你有什么看法？

我想脸书可能是世界上最糟糕的公关公司之一。2015 年底，他们对系统做了修改，帮助人们纠正观念，希望他们对一个品牌点赞的时候，是真正的喜欢，而不是想通过点赞牌获得奖品，或者在某个电子游戏中拿到积分。只有对自己品牌缺乏想象力和信心的人，才会讨厌这个变化。大家都应该让用户在每一次推送中看到真金白银，让他们感到自己兴趣的东西对每一个人都有好处。

➡ 在脸书上对年轻一代进行营销，类似于在黄页上发布广告，都没有效果。脸书已经完了。下一个完蛋的会是谁呢？

脸书并没有完蛋。如果它有任何变化的话，它其实是在发展。我以前犯过错误，那就是过早地放弃对于某个平台或服务的希望。

在 2003 年，我预测搜索引擎和谷歌关键词广告都完蛋了，但实际上它们才刚刚起步。但我还是认为谷歌搜索引擎注定会像黄页一样过时。以前，大家要登陆谷歌才能搜索自己需要的信息。如今，所有需要的信息纷至沓来，不但通过点击桌面左侧的那些图标就可以获取，还可以通过推送获取。如果你知道如何恰当地定位受众、编制内容，消费者就会时时想起你来。在最好的情况下，他们会时刻感受到你的品牌和他们的生活密切相关。

➡ 我在脸书上没有作为。它不会把我的网页展示给人们看。既然我不成功，又怎么会投入更多的钱呢？

我希望人们不要对在脸书经商的费用诸多抱怨。它和世界上其他媒体机构没有什么区别。电视频道不会免费为你播放广告。邮局也不会免费帮你发放传单、宣传书籍。有人认为脸书起步时免费，所以要继续提供绿色免费的服务，这种想法是不正常的。在这个世界上，脸书是向大众发布信息的最高效平台之一。你觉得这不值得花一点钱吗？

如果有人觉得自己可以理直气壮地抱怨，请务必转移到其他免费的同类平台，好让人们认识你的品牌、书籍或业务。你可以选择电子邮件。我希望看到你取得的成绩超过在脸书的水平。你可以对脸书的费用叫嚣抱怨，但是你最终只能叫给自己听，因为脸书不会在乎的。它也不需要在乎。

➡ 脸书视频会不会成为一个赢利的视频平台，从而挑战 YouTube 的地位？

脸书视频已经做到了这一点。

有些观众已经注意到，我不再向脸书上发布自己网页的图片链接，也不再发布我在 YouTube 视频的图片链接，而是直接上传"听听加里怎么说"的视频。我之所以这样做，是因为我始终遵循"就地发布内容"的原则。我想说的是，我对数据不太关注，除非这些数据蕴含着重要的信息。脸书就蕴含着最优质的数据，通过这些数据，我明白了一个道理：如果我就地发布内容，那么比起链接到自己的网页或者 YouTube，我会多获得 2—3 万的观众。除此之外，脸书现在也表现出在视频方面的优势，所以我只要采取 YouTube 上相同的方式，就可以在脸书打造我的品牌。通过脸书，我还可以在其他网页植入视频。由此避免了摩擦，并让更多人更方便地看到我的内容，而我的内容是有价值的。长期以来，我最关注的事莫过于向人们提供价值。

因此，我建议在 YouTube 上发布视频的人转移到脸书上来。当然，我得事先说明，脸书视频是收费的。但这笔费用物有所值。在这个平台上，我们可以精确地定位受众，你必定可以把内容传递到感兴趣的受众手里，所以这些钱会带来长远利益。

2015 年 3 月，有人问了我这个问题，我当时就预测说，半年以后，我会把发布视频的重点平台改为脸书，而不是 YouTube。

我不是让你放弃 YouTube。它依然和人们密切相关，而且非常重要。但是，如果你在 YouTube 上发布视频，不妨也在脸书上同样发布一遍。不要只在脸书上发布视频的链接——如果那样做，你就不会吸引到希望的受众。记住，"就地发布内容"才是正确的方法。

实际上，我觉得这种情况对 YouTube 是有利的。竞争带来变革，而YouTube 已经停滞不前快五年了。不久以后，它可能会被形势驱使，进行有质量的变革，这或许又反过来迫使脸书也进行变革。在这个过程中，每个人都可能成功，尤其是我们这些营销者。

➡ 在脸书上，只要观看一个视频达到三秒钟，就算看过了——这种标准，是算有点误导人呢，还是算非常差劲?

营销者们原来重视广度胜于深度，但现在他们开始改变这种观念了。你认为脸书上的三秒前置广告，就一定比人们在 YouTube 花钱购买的前置广告更垃圾吗? 在 YouTube 上，这些视频就是实实在在的广告，而脸书却使用了推送的形式。

我不太注重广度这个标准。那些刚创立的品牌使用点击量来衡量自己的成绩，却没有意识到可以通过技术作弊来提升点击量。我注意的是参与度、评论和对产品的点击率。如果我注重点击量这类东西，我就会站在广度的标准上去衡量。比方说，如果我想要 80 万人看到我的脸，而他们也做到了，我就会觉得这三秒钟物有所值。这取决于你想达到什么目的。

> ➡ **我的小妹妹在 Instagram 和 Snapchat 上都有账号，却不使用脸书。你觉得脸书前景如何？**

脸书的马克·扎克伯格是一个杀手。他之所以收购 Instagram，而且试图以三十亿美元收购 Snapchat，是因为他想要青少年市场。但是，我怀疑脸书能否争取到这个群体。Instagram 会变得更像脸书，但如果脸书一直改造它，它便能保有 35 岁以上的用户群体，这无疑是一个巨大的市场。随着时间推移，这个用户群体的人数会减少，但我相信扎克会坚持保住青少年市场的。脸书没有成功地收购 Snapchat，但它购买了 Oculus，我相信它还会购买其他平台。千万不要忽视了脸书。它会成为越顶电视、免费互联网，或者有史以来最先进的电话的基础设施。请拭目以待吧。

易趣网

> ➡ **如果易趣网不进行革新，你觉得它会不会过气？**

早在 2005 年，我和我的朋友们就预测易趣网会倒闭，但它到现在还屹立不倒。我想，如果世界上还没出现和易趣网同等功能的平台，他们就不必担忧。我喜欢老的易趣网——我曾经教 AJ 去车库贱卖会淘货，并把他的战利品在易趣网上卖掉。现在，易趣网卖了许多全新的产品，变得像亚马逊了，而且人们对新的资费系统感到不满，但却没有其他别的选择。而在新的易趣网上有十亿美元的商机，这个平台只处理用过的二手货，而且方法和旧易趣网如出一辙。

博客

> ➡ **博客不想几年前那样流行了。现在，每个人都在社交平台"租用"了一席之地。**

现在没人谈论电子邮件，但这并不意味着它不再重要。博客也是一样。

人们只是没有把"如果做生意，必须有博客"这个道理明说出来。如果你在社交网络上发布了内容，你就是在写博客。博主们以前需要用搜索引擎优化来吸引人们到自己的博客，现在他们可以简单地直接把内容发给读者。以前，博主们都是在自言自语，并希望有人来看他们、关注他们，现在可算是有了巨大的进步。

那么，这是否意味着个人网站如今已经过气了？并不完全是这样。现在许多品牌都在重新评估"租用"社交媒体空间的价值，这就更增加了不确定性。如果你把内容发布在自己不能掌控的平台，你就失去了对这份内容的所有权。脸书的规则时常变化，有时这些变化会对一些品牌精心打造的广告宣传活动造成巨大的损害，其结果是灾难性的。因此，许多品牌在自己的网站加倍努力，却只是把社交平台上的互动当作一种诱饵毒品，用来吸引人们访问他们的网站。

人们的注意力不会持久，也不会集中在某个事物上。他们特别愿意消费；但他们却不像以前一样愿意脱离社交平台去消费。他们认为那样太麻烦——除非他们发现一些让他们觉得不麻烦的因素。当你让他们觉得不麻烦，就算争取到这些客户了。如果你能掌控自己的内容，并把人们从社交平台吸引到你的网站，你原来可能不错的营销能力就更上一层楼了。你要以灵活的方式处事。要真正的八面玲珑。这是值得拥有的素质，因为在工作中精益求精是永远没有坏处的——永远不会有坏处。

Instagram

➡ **撇开大量月度用户不谈，你觉得 Instagram 这个社交平台是否真的在规模上超过推特？**

2015 年，Instagram 上每月有三亿活跃用户，超过了推特上的用户数量。因此，这个社交平台赚了一大笔钱。他们的所作所为，让人觉得似乎一个社交平台的用户数量能决定它的成绩，并让它保持优势地位。显然，用户数量能说明一个社交平台在社会上的反响如何，但这并不是唯一的指标。它甚至不是最重要的指标。我们不该重视一个社交平台上的用户数量，而应该重视用户对它的关注度。如果一个社交平台总是开着当背景，用户却很少看它，另一个社交平台开启的时候，用户总是全神贯注地注意它，哪个的价值更高一些呢？这就是如今推特和 Instagram 之间的巨大差别。

推特有严重的干扰问题。六年以前，我在推特上的受众不如现在多，但是我发送的每条推特，其参与度都比现在高，因为受众对帖子比较关注。现在，这个社交平台上的信息和用户都太过密集了，令人很难获得大家关注，参与度也降低了许多。

在浏览方面，现在 Instagram 的用户关注度，在社交平台中已经无人能比了。当人们浏览 Instagram 的时候，都是 100% 投入地查看每一张出现的图片。从某些方面来说，Instagram 用户关注的深度已经超过了脸书，因为脸书用户会受到感情纽带的干扰，比如有人要寻找前男友的信息，或者想避免家庭闹剧，但 Instagram 上不会出现这个问题。Instagram 之所以成功，并不是因为它用户众多，而是因为用户都认真地浏览平台上的内容。它并不只是用来当背景摆设的。

当人们需要身边发生的实时信息时，他们依然会到推特上与人对话，并查看在线更新。但是，如果推特没有找到控制消防水龙头的方法，让内容更好地吸引在线用户，Instagram 就会在吸引消费者方面领先一筹，因为在 Instagram 上，人们更容易获得别人关注。正因为如此，我才把这么多精力转向了 Instagram。我依然喜欢推特，但是适者生存的原则不仅仅存在于动物世界中。如果推特不懂得变革，它就会走向末路。

➡ Instagram 将来会如何变化？

它现在就在变化。它只是以一种比脸书更微妙的方式在变化，因此在用户中引发的担忧就比较少。有一件事是毋庸置疑的：如果 Instagram 能引入脸书的定位功能，它会成为这个时代最伟大的广告平台之一。

如果它有朝一日超越移动图片软件的范畴，开始发展智能图片技术，例如最好的新式智能相机或可以拍摄 Instagram 影像的隐形眼镜，我是不会感到意外的。这样做有什么不可以呢？Instagram 的总裁凯文·希斯特罗姆是一个有思想的领导者，他不仅关注自己的产品，还关注他的受众。我打赌，他会把自己的社交平台带入一个新的领域，而且还会保留它原来的特色。

➡ 脸书和推特让用户们更方便地处理独立的网页和账号，但 Instagram 却不行。有没有什么办法能够在这三个平台上使用同一个账号，却不会让这个账号发生质量低劣、混乱或效果不佳等问题？

人们经常忘记这一点：Instagram 是一个非常、非常新的社交平台，而新平台需要时间来形成自己的操作规则。在脸书推出商务页面之前，我得使用粉丝页面做生意，这让我感到如芒在背。但是我消化了这个困难，因为在这个平台做出改进，或者对用户需求做出反馈之前，这是必经之路。

➡ 有人把散文作为他们 Instagram 图片的说明——这些人到底在想什么？我们去这个平台是想看图片的，不想没完没了地看一些废话。

这是你的想法。但也有很多人喜欢 Instagram 上的长篇内容。如果你看到这类图片越来越多，也不必感到奇怪。这是一个新机遇，如果有效果的话，其他人也会尝试一番的。社交平台都是发展变化的，这是它们的规律。不瞒你说，在我写这段话的时候，我都觉得自己越来越喜欢 Instagram 的长篇文档了。

➡ 这么说吧，我爸爸在 Instagram 上关注了我的账号。这是怎么回事？不，我接受不了啊。

我得告诉你一些坏消息。以后，你爸爸还会在所有同等规模的社交平台关注你——在你的余生之中，他都会这么做。这就是社交平台的规律。年轻人建立人气聚集地，然后每个人都会开始关注。

➡ 人们破坏了 Instagram 建立时的艺术性宗旨。比如说，现在有人在上面卖冰箱了。够差劲的吧?

我挂在嘴边的是什么来着? 营销者破坏了所有东西。人们会在所有公众关注的平台上做营销，显然现在轮到 Instagram 了。如果它像推特一样到了过饱和状态，他们又会转移到下一个社交平台。

➡ Instagram 曾经发布帖子，说他们准备在英国大事记上做广告。有 6300 多人表示反对，说这会毁了大事记，还扬言要离开这个平台。你有什么看法?

萝卜青菜，各有所爱。很多视频节目的主持人都不允许别人在提问之前来个九秒自我推荐，但我允许这么做，因为我喜欢对勤奋的人进行嘉奖。并不是每个 Instagram 用户都关心大事记广告效果如何。那些说自己关心的人，我倒觉得他们只是在发泄，最终会懒得兑现承诺、离开这个平台。当年，乔治·W·布什连任成功的时候，你知道有多少人扬言要离开美国去加拿大吗? 奥巴马连任的时候又有多少人一样叫嚣? 我们言行之间的距离是相当大的。我愿意打个赌，如果你找回那些 Instagram 上的宣言，点击扬言离开这个平台的用户，你会发现大部分还留在那儿。我们说的话大大超过了实际做到的事。不妨找到那个帖子，看看那些人威胁要和 Instagram 说再见之后，又发了多少图片。我猜数量应该不少。在 Instagram 上，这类事件的发展规律类似于脸书上的同类事件。只是干打雷不下雨罢了。

➡ 我想知道你对于 Instagram 上的私信功能有什么看法。这是一个隐藏的资源吗?

不要去找那些不需要你的人。私信和发短信类似——这是一个私人化的领域，没有人愿意在这里遭遇推销。我听到一些趣闻，说通过私信进行的对话大部分都是打情骂俏，甚至是有伤风化的。如果人们不愿意，就很少会去关注别人。因此，如果你不打招呼就对别人私信，看起来就会比其他社交平台的私信更突兀、更像垃圾邮件。因此，请不要这样做。

播客

➡ **你在播客上做了什么呢？你在上面开展了一些工作，但没有全力投入。是因为你认为不值得吗？**

我之所以没有全力投入，唯一的原因是太忙，但我认为播客中隐藏了巨大的商机。利用播客，人们可以一边浏览你的内容，一边开车、慢跑或坐火车。浏览播客时，他们不必停下手头的事，甚至在街上都没有发生交通事故的风险，因为他们在过街时不必盯着屏幕。播客对于营销者来说，操作起来可能更加方便。而我在视频方面特别强，所以我应该把精力投入这方面（要关注自己的长项，对吧？）。因为视频能帮助许多人进行自我认知，所以制作播客视频也是一个很好的选择。

品趣志

➡ **作为一个男人，我很看不惯一些使用品趣志的男人。我该怎么克服这种偏见？**

别傻了。如果你的目标客户是15—19岁的青少年，想卖给他们运动器材，你可能就不需要用到品趣志。如果你想对妇女推销产品，并提升在她们之间的品牌知名度，你就离不开品趣志。你现有的英国式偏见对你不会有好处。

➡ **一些人对品趣志广告议论纷纷，而且品趣志正逐步引入商务账号。你对此感到乐观吗？**

这个问题第一次发布出来的时候，品趣志刚刚推出了一种广告服务，名为"品宣传"。这种服务不仅可以根据不同人群的特征数据，让你向他们销售可能感兴趣的产品，还能根据用户的搜索条目对他们进行定位。它完全是早期谷歌关键词的翻版，而且是一个非常、非常巨大的市场。

谷歌关键词刚上线的时候，我是第一个倒卖关键词"葡萄酒"的人。之前我花五美分买了这个词，过了九个月才有人向我出价求购。谷歌发展壮大之后，我也收获了利益。后来，我几乎一下就在品趣志看到了类似的前景。

品趣志取消了界面中的分支链接，引入了"购买"按钮，通过这些措施，它把自己定位为一个大型电子商务平台。在我通过节目回答这个问题的时候，我就预料到十八个月以后，我会对答案做出修正。但是，我现在也想对你说一句：不管变好还是变坏，其实一切都没有真正地改变——在这本书出版时，品趣志发展得比较慢，因此没有什么显著的更新值得讨论。但我还是感到乐观，而且相信人们了解品趣志的可视化引擎功能后，会明白如何进行使用。但如果品趣志在未来六个月还是这样拖沓，我就会感到担心了。

众筹网

➡ 你觉得利用众筹网创业怎么样？

"虚拟现实眼镜"公司就这么做了，筹集了两百万美元研发它的第一款产品雏形，然后以二十亿美元卖给了脸书。还有很多人试图效仿，却以失败告终。所以说，没错的，这个想法是可行的——在你有充分能力的前提下。除非你有足够的能力去运作，否则理念都不会产生实效。

埃罗网

➡ 你觉得埃罗网怎么样？

有几百人问起过这个平台，它允许用户免费发布广告，并承诺不会售卖个人信息。这听起来非常棒，但实际的商业模式是怎样的呢？免费是没法赢利的。

许多人说他们讨厌像脸书一样售卖数据的社交平台。但是，你知道他们更讨厌的是什么吗？就是花钱买数据。在我看来，如果人们不看广告，或者喜欢广告，认为它们会提供一定价值，就不会介意广告的出现。我认为，这是埃罗网将来的发展方向。

Listicles

➡ **你对 Listicles 页面有何看法？**

我有许多朋友和同龄人是读着《纽约时报》和《华尔街》杂志长大的，他们对 Listicles 发出哀叹，但我觉得 Listicles 页面很棒。过去的事已经过去了，现在人们需要新闻迅速、丰富而精炼。BuzzFeed、Upworthy 和 Gawker 这几个公司都通过 listicles 发展出庞大的市场，并通过这个平台探索各种问题，从种族主义、到我们的祖国面临的挑战以及巴以冲突，无所不包。在我看来，这个平台的问题是被人滥用。许多废话蜂拥来，比如"猫咪吃饭时做的十二件事"，把人们原来看重的内容都挤了出去。

人们对真人秀和日间游戏秀也有过一样的看法。对于这些平台的作用，人们误解太多了。

如果把 Listicles 当作一个经商的平台，我有什么看法呢？2012 年 10 月，也就是有人在节目中向我提出这个问题之前的十个月，我可能会说，这个平台上商机无限。我在节目上讨论这个话题时，也觉得它十分强大。然而一年后，在我写这本书的时候，我却谨慎起来了。我现在的观点是：Listicles 和其他社交平台一样，刚刚上线时环境最好，随着越来越多的人涌入这个平台，它就失去了价值。

电子邮件

➡ **在你看来，未来五年内，电子邮件是会过时呢，还是会进一步融入人们的生活？**

我觉得它十分重要，因此把它列为首要的营销工具。1997 年，当我卖葡萄酒的时候，邮件读取率达到 80%，现在可能达不到这个比例，但这并不意味着电邮已经走向没落。看看吧，人们曾经毫不犹豫地标记一些电子邮件，就像现在毫不犹豫地在脸书上点几千个赞一样。随着时间推移，我们变得比较有选择性。这意味着，如果你想要别人花时间标记你的邮件，就得提供优质的内容。如果你成功了，让人们愿意打开你的邮件，你的邮件读取率就会很高。然后，你就只需要履行原来的承诺，继续提高出色的、独特的、切题的内容。

那么，电子邮件还有其他什么优点呢？其实你已经在享受这些优点了。你可以发挥自己的创意，把它传播出去，而且你也不必担心这个平台发生什么变动，让消费者拒绝接受邮件。

我认为，只要人们还保留着电子邮箱，电子邮件就不会过时。它和人们的关系不会像以前那样密切，但它依然是市场中的一员。

掘客网

➔ **你对掘客网怎么看？它还能算一个社交平台吗？它有用吗？**

掘客网有一个巨大的优势，就是它的受众群很稳定。这意味着，如果品牌和创意店能够让它们的营销内容"掘客化"，就能获得丰厚的回报。但是，和所有社交平台一样，如果你闯了进去，却不想学习这里的语言，也不去理解人们来掘客网的目的，你就不会有所收获。当然，如果现在某个品牌在掘客网获得了影响力，那里的顽固分子就会指责这个品牌是骗子。他们会扬言要离开掘客。但我想这种事会不了了之的。

谷歌+

➔ **你为什么继续使用谷歌+？**

是因为这个平台还存在。它肯定是要倒闭的，但还有一些早期用户留在那里，能产生一些商机。我在那里有一些粉丝，所以我还为他们发布内容。何乐而不为呢？要发布一个视频，并和一些喜欢我视频的人沟通，要付出多少努力呢？但是我尊重这个群体，乐意为他们效劳。有些人把社交媒体当作整个世界，有些人又对它们视若无物，能不能摒弃这些想法？我们当然应该对成功的平台投资，当不要对其他平台嗤之以鼻。那些平台的受众也是消费者。如果他们想把钱给你，你会拒绝吗？

Yik Yak

➔ **你觉得 Yik Yak 上的营销环境如何？**

如果你的目标客户是 18—22 岁的大学生，你就需要使用这个平台。问题是：这个平台提倡匿名化，那你该怎样推销自己或者手中的品牌呢？或许你可以利用幽默，比如说"我听说'汉堡世界'的主厨很有魅力……哈哈，那就是我了。"

这些把戏要包含真材实料，不要只是废话。这个任务可相当艰巨呢。

猫鼬网

➡ **在猫鼬网上，你觉得哪些产业会产生最大的影响力？它们的目标客户是谁？**

很多行业都可以一展身手。但我觉得它对零售业、娱乐业和运动业最有用。你能想象"电视购物网 2.0"那样的盛况吗？我可以录制一个从晚上六点到九点的节目，用来销售和介绍葡萄酒。赞助商可能会蜂拥而至，开办体育直播节目。此外，还可以编制特色节目并收费播放。如果有现场直播的巷战，我也愿意付三美元来看一看。

推特购买了 Periscope，这肯定会对猫鼬网形成冲击，因为 Periscope 具有可以同其他手机应用软件无缝对接，这是猫鼬网做不到的。推特用户可以看到嵌入的 Periscope 图片，甚至可以从推送中看到直播流。猫鼬网可以代替你发送一条推特，其中却只有文本和一个短链接。显然 Periscope 更具优势。（这可苦了我，因为我投资的是猫鼬网。）

Yo

➡ **你对 Yo 的新变化有何看法？企业可以利用这个应用和客户交流吗？**

和粉丝交流一向都是最重要的事。如果你觉得这款应用让你做到这一点，就不妨把它用起来。

科技

➡ **2018 年，苹果手表可能会成为人们生活中的一个重要部分，它会给这个世界带来怎样的改变？**

如果有一件事能让我确信无疑，这就是电话会被取代。而且苹果手表还不是终点。智能技术产品不仅会发展到我们的手腕上，还会发展到衣领上、运动鞋上和帽子上，可能还会钻到我们身体里。但是，如果我们又恢复了以前的通信方式，也不必感到奇怪。我们远距离交流的主要形式以前是信件，后来是电话，现在是手指操作的手机，但是谁知道我们会不会再一次开始语音通话呢。我对一个叫"软线工程"的公司投资，这个公司就可能会让语音信息再次复兴。

➡ **迪斯尼魔幻腕带：你觉得这个项目会如何发展？**

智能衣物技术会席卷这个世界。一切都会是智能的。所有的一切。你的衬衫、裤子、内衣、袜子，概不例外。咖啡在杯子里放凉的时候，杯子会通知你。"快点喝吧！咖啡凉啦！"不相信我说的？举个当下的实例，只要看看亚马逊的"新投掷按钮"就好了。它还没达到刚才讨论的技术水平，但你不得不承认，已经相当接近了。

这一切都会在未来十到三十年之内发生。衣物技术让实质的东西深深地融入了数字世界。我们一直在寻找办法，把我们的现实体验表现在数字空间之中：比如说，在 Instagram 发布照片，在推特上描述一个音乐会，在脸书上描述一些状况。下一步，数字体验将会自然而然地提升人们的现实体验。这也是迪斯尼魔幻腕带成功的秘诀。

魔幻腕带能帮你完成各种各样的事，从预订酒店房间，到购买热狗，到购买公园门票，无所不能。这款腕带也让迪斯尼公司拥有了非凡的数据和资本。利用这款腕带，游客可以记录一天的行程，从而编制自己的个人时间表。它可以推送内容，并解锁新的虚拟特征。此外，它还开启了一条通往高效率的路径，这是每个零售商的最大需求之一。

对于迪斯尼乐园的游客来说，最大的不便就是游览路线太过漫长，以及从公园一端到另一端导航不易。魔幻腕带弥补了这些缺憾。迪斯尼公园方面可以看到人们在哪里拥堵，哪里有空闲的空间，并利用技术引导人们前往不拥挤的区域。此外，游客使用魔幻腕带，还可以解锁一个"激流勇进"等景点的兑换码，在那里得到一张冰激凌兑换券。这项技术实质上弥补了迪斯尼乐园的短板。迪斯尼可以用各种理由，让人们在某个地方逗留更久，从而影响人们的购买行为。他们可以构建更多的消费场所，让游客在真正感到饥饿之前便走过两三个热狗站。他们还可以通过魔术腕带调整游客的情绪，因为游览路线确实长得过分。

衣物智能技术给我的感觉，就像 2005—2007 年时社交平台和因特网给我的感觉一样。它将会渗入生活的方方面面。告诉你吧，智能胡子都会出现呢。

传统媒体

➡ **你对脸书所做的电视广告如何评价？**

我一直都说社交平台和传统媒体应该像打乒乓球一样携手合作，激发人们对于新鲜内容的好奇心。我也说过，我之所以对传统媒体有所怨言，并不是因为它们没有作用，而是因为它们受众有限，索价又太高了。

有时候，它们是真的想吸引住有限的观众，这种情况是个例外。

一个小公司可能不该在电视广告上花太多钱，因为它如果通过社交媒体的口碑提升知名度，获得的顾客会多得多。如今，脸书拥有 18 亿用户——它已经受到了广泛关注。只有那些无法使用脸书的人，例如 13—15 岁的孩子和 70—90 岁的老人家，才不受它的影响。孩子看的电视不多，但老人家是看电视的。电视广告的定价依然过高，但如果你像脸书一样，有 2250 亿的总市值，就能把这笔费用消化掉。

脸书并不是唯一一家选择传统模式的企业。Airbnb 创办了一份纸质杂志。网络验光配镜公司——瓦尔比·派克公司，以及化妆品月度订阅服务商——白桦盒子，都开了实体店。这是为什么呢？因为线下有客户，他们想要赢得这些客户。永远不要把自己局限于一种策略或一个平台之内。要运用恰当的搭配，让你的影响力达到更好的效果。虽然每个人都要根据我们的时代特征进行营销，但你也依然可以利用传统纸媒和电视。

➡ 我刚刚购买了一家室内广告牌公司。你觉得在厕所里张贴广告这个想法怎么样？

在小便器上方或者厕所门后面张贴一份有号召力的广告，是一种很棒的投资——除非你张贴广告的时候，人们已经习惯于在小便的时候看手机，再也不看小便器上方的墙或是厕所门后了。你要考虑人们兴趣的变化。大家都注意什么去了呢？

这就是你的营销要遵循的原则。这并不是因为营销者不该把广告张贴在厕所里，而是因为张贴在小便器和厕所内的广告意义不如以往，甚至连三年前都赶不上了。

不管你销售的是什么产品，你都要重视顾客的兴趣点，不仅要考虑目前的情况，还要考虑在可预见的将来会发生什么情况。手机文化和衣物技术为营销者带来了大量的机遇，同时也给我们带来一定的冲击。

➡ 社交媒体的广告费用什么时候会超过电视广告？

可能会在未来二十年内。这种变化需要时间。20 世纪 90 年代中期，网幅广告、电子邮件、谷歌关键词面世，互联网开始流行，而以上这些平台都没有在电视上进行过任何广告。我想如今电视广告的境况，就好像分类广告网站面世几年之后报纸广告的境况。数字视频录像机和网飞公司逐渐侵蚀它的利益，而社交平台也要让它一蹶不振。以后广告会变得不像广告了，它们都会以本地化的风格融入社交平台，我们浏览它们的时候，甚至会感觉不到它们是广告了。

➡ 我是一名摄影师，如果我和同行想提升本地印刷品销量，你有什么建议吗？

对我而言，现实上的优势在数字世界里并不会消失。显而易见，现在所有行业都发生着变革。在我写这本书的时候，媒体已经报道说 2015 年底人们拍摄的照片会达到一兆，所以关于摄影的情况依然没有改变。归根结底，每家公司都要尊重市场的供需规则，人们仍然会去实体店购物，并把实体图片挂在家里。不瞒你们说，我其实挺意外的，因为数字相框没有进一步发展，但明天苹果公司可能就会决定下一步研发"苹果相框"，然后我们每个人都会在家里挂上十三个，就能享受一番了。如果你尊重市场，未来却发生这样的情况，那么就……够倒霉了。

我想，你应该集中精力拍摄出一流的作品。经典的作品是不会过时的。你应该致力于拍摄既可以作为实体图片，也可以作为数字图片发布的作品。

最后，你就能……

➡ 如果让你构建一个社交平台，它的主要特色会是什么？为什么？

我喜欢条条框框。我认为它们迫使我们以高效和创新的方式工作。所以我构建的社交平台在每二十四小时只允许用户发布一份内容——播客帖子、视频、音频等任何你选择的形式。想象一下，这样做会把内容数量降低到什么程度，又会把质量门槛提高到什么程度。你需要绞尽脑汁思考什么对消费者是真正重要的，同时消费者也会明白你最重视什么。我想，这个创意的价值可能有数十亿美元。我现在不适合去实现这个创意。有谁想试一试吗？

第九课

找到你的用户，从来没有如此容易过！

广告唯一的挑战就是揣摩受众的心理，并且编出最可能让他们掏腰包的故事。

现在，正是广告的黄金时期

2015 年夏末，我开始写这本书。自打我 2004 年为我的葡萄酒公司在"谷歌在线广告服务"中买了葡萄酒的关键词到现在，脸书广告可以说是线上广告中我认为最值得推荐给企业家和五百强公司的数字广告产品。

起初我并未认识到这一点。在过去几年中，脸书作为一个广告工具是不断发展的，它起步很慢，起初也像其他条幅式广告一样，把广告打在电脑桌面的右侧。然而我开始在新闻推送看广告时，它对我的意义就非同凡响了；当你看手机屏幕时，它的广告尺寸很大，而且富有刺激性。但是，一直到几个月之后，也就是 2014 年初，我才有一种眼前一亮的惊喜，因为那时我看到了早期脸书广告活动的数据和结果。我开始觉得信心满满，并认识到这会是一个改变游戏格局的工具。

有几个人想法和我一样，但并非每个人都是如此。实际上，2014—2015 年间，当脸书公司改变策略，将要了广告页面而压缩粉丝页面的外延服务时，许多人的情绪都很激动。一些从未用过脸书广告的记者、评论员、顾问纷纷发表文章，描述年轻人是怎样地全体投向 Snapchat 和 Instagram，又怎样地动摇了脸书的霸主地位。人们怒气冲冲、情绪不稳，拒绝深入探究脸书的作用，也不肯试用新的广告工具。但是我和其他一些真正的业内人士，作为在这个领域花了时间的人，却认识到这样的情绪波动正为我们带来了盈利的良机。于是我们采取行动，去利用这个机会。

人们抨击脸书，断言其功能正在下滑，这样说的人越多，使用新广告平台的人就越少。因为脸书是一个由供求关系左右的市场，只有当广告客户为争取受众投标时，广告价格才会上升，"谷歌在线广告服务"就是这种模式。因此，在 2014—2015 年期间出现了一个令人难以置信的黄金时期，一些无畏的营销员不再浪费口水抱怨，而情愿一试脸书广告，于是他们在许多创意人士的协助下，找到了希望的大批客户群，而且看到了实实在在的效果。据我的朋友反映，开拓者和读报标题党人之间，区别便是如此。

从来没有哪则广告是非常精准的。消费者因年龄、性别、职业而需求不同，而更加重要的则是他们的行为模式和兴趣点，没有哪则广告可以精确地针对上述划分的某个客户群。但是，现在脸书和数据挖掘公司合作，不仅可以给出其用户的分类统计数据，还可以提供他们在线上和线下的购买足迹。通过脸书，你甚至可以为一个住在凤凰城、喝红牛的十九岁蓄须少年量身定做一则广告，或者对一个住在底特律、戴隐形眼镜、玩高尔夫的二十三岁姑娘如法炮制。我是一个四十岁的男人，住在曼哈顿，喜欢纽约喷气机队和根汁汽水。想象一下，如果你在我眼前放上一支带着绿色橄榄球广告的根汁汽水，因而投我所好，你将开始一次多么了不起的合算的生意啊。广告唯一的挑战就是揣摩受众的心理，并且编出最可能让他们掏腰包的故事。如果你能够正确把握手中的资源，通过有创意的行动，在正确的时间、正确的平台用正确的广告案例对资源进行配置，你就是最棒的。从理论上说，脸书广告可以让你针对其任意用户，制作出独一无二的、本地化的、切题的广告。我确信种种迹象已经显示，现在和电视广告初期、邮件直投广告初期、谷歌在线广告服务初期一样，是广告最黄金的时期之一。

你读到这篇文章之前，又一部分人已经涌向这个产品了。脸书广告可能不再像以前那样有效，因为它的超强功能已经被更多的人所利用。供求关系会渐渐地使广告价格回到一个更加合理的区间。但我仍然对它满怀信心，我相信它会在2016—2017年成为一个超级平台，甚至成为整个广告产业的基地。即使在最成熟的市场，投资回报率总是需要考虑的，在你知道如何操作的情况下，总要把广告指向会引起消费者注意的地方，而且要尽量比其他人做得更好。

➡ 使用脸书广告的最佳方法是什么？费用怎样？

另有一个问题：在脸书广告，Instagram 和 Pinterest 广告平台，或者 Outbrain, Taboola 和 Hexagram 等本土广告平台赚钱的最佳方法是什么？这个问题的答案和它如出一辙：去那个平台找答案。把事情做好的唯一办法就是去做。如果你想学习制作脸书广告的方法，可以找到数百种报纸、文章和教学视频，但是，决定你的广告是否有效的唯一因素，是你花了多少时间倾听消费者的声音，花了多少时间权衡最佳的广告方式。要找到相应的方法，只能通过反复实践，根据实践的结果来改进。

说到广告的费用，在开放的竞价市场中，供求关系是每日变化的，所以费用也各不相同。

➡ 如果想要利用脸书广告提升在其他平台的受众数量，最佳方法是什么？

你不该有这样的打算。在 YouTube，你可以花 5—7 美分购买一次前置广告的点击，而品趣志和 Instagram 都已开发了自有的广告工具。在这种情况下，你这种策略就是错误的。你会发现通过等额交换、利用平台内部的广告工具就可以赢得受众。想要争取消费者，就地发布的营销内容永远是最佳选择。因此，把脸书广告放在脸书去做就可以了。

➡ 如果对一些刚创办的企业进行了投资，什么样的营销手段能够最有效地发展这些企业？

我在节目上回答这个问题的时候，我投资的每个初创企业都在运用脸书广告。他们非常投入，如果能够把所有钱都花在上面，他们也会乐意的。它对人们的作用，类似于当年谷歌关键词广告对亚马逊和易趣网的作用。在那个时代，虽然有许多人对谷歌关键词广告的收益表示怀疑和争议，当这两个网络公司全力投入，最终以低价购入了大量额外的股份。

➡ 我在脸书广告方面是一个新手，如果我想用它开展 Teespring 宣传活动，要怎么进行呢？（译者注：Teespring 是一家创业网站，用户在上面可以设计 T 恤，并用众筹的方式生产和销售。）

面对一个如此强大的社交平台，你应该尽可能地把资金投入进去。这是一种非常容易定制的产品，相应的宣传活动可能会很有乐趣。比如说，你设计的 T 恤叫作"丹佛卡车司机守则"，就可以以丹佛市的卡车司机为目标，相应地制作出脸书广告。它可能会横扫市场呢。

➡ 有些顾客不愿公开承认自己对某些产品的需求，比如假发产品，当我们推销这类产品时，该如何吸引顾客？

首先，当你了解人们公开谈论的话题时，可能会感到意外。除了阿什利·麦迪逊公司（译者注：这是美国一个著名的约会偷情网站），还真没有什么话题是禁忌或者尴尬的了。落健（译者注：Rogaine 是一款美国生发水。）在脸书官方网页上收获了 36000 个点赞。Depends 则收获了 26000 个点赞。因此，你当然可以利用脸书广告开始营销，你也有理由假设，在年龄 35—50 岁的男士和女士中，有相当一部分遭遇脱发困扰。此外，你还可以利用脸书的数据挖掘功能，根据人们的购买行为锁定目标客户。

其次，不要忘了你也可以直接寻找客户。不妨去看看某些脱发专家和医生的粉丝页面，并接触他们的粉丝。可以分析这些人的相似点，并总结出可能对你的产品或服务感兴趣的人群特征，然后锁定这些人。

最后，对于任何一个和你一样处于两难境地的人来说，搜索广告也是一个强大的工具。不妨去谷歌上购买相应的关键词，这样一来，一旦有人产生相关需求，因而去搜索信息，你的广告就会产生立竿见影的效果。

➡ 付费参加脸书广告全面培训班有意义吗？或者说，只要学习 YouTube 上的免费信息就可以了？脸书广告真的这么复杂吗？

使用螺丝刀不难，投篮不难，脸书广告的难度也就这个水平。困难的是如何对它进行出色的运用。你要花时间进行自学，才能在使用的时候找到更多方法，然后你就应该开始实践了。在这个过程中，你对结果实践和分析得越多，你的能力就会越高。要取得实质的成功，实践是唯一的途径。这个世界充斥着标题党和肤浅的评论者。我希望你们别和他们一样。要保持深度。

第十课

名人营销，怎么做才值回票价？

如今，社交平台名人拥有前所未有的能量，因为他们不仅能编制内容，而且能实现有价值的传播。

口碑世界的力量

众所周知，感恩经济的基础是口碑的力量。通过鼠标的一次点击——或者一个推特帖子、一次分享、一次点赞，或者其他社交平台上的虚拟行为——就能把消费者的信息传播出去，他们的声音会被放大，超越居住地的边界，甚至传播到他们所在的行业之外。而这些通过一般人就可以做到，这些人都是不以树立声望为目标的。当然，还有一些人的口碑是更有价值的——就是有成绩的人。这当然包括名人，也包括各领域的专家，但还包括一些非传统意义的名人。他们都具有非凡的娱乐性、特色或者幽默感，他们能够在社交平台编制出接地气的内容，不管是六秒钟的 Vine、精练的推特帖子，还是见解深刻的博客帖子，都对流行文化和观点产生了巨大的影响。今天的营销就是随着人们的眼球走，而眼球都集中在这些名人身上呢。大家会在他们周围看到你的品牌吗？如果看不到，你就错过机会了。

长久以来，我就明白这么一个道理：一个人可以靠自己的热情和个性支撑起一个品牌，尤其是通过视频建立的品牌。早在 2006 年，就有公司来找我，问我是否可以在"葡萄酒图书馆电视"中植入他们产品的相关内容。我没有接受他们的提议，因为不确定会不会引起不良的副作用。虽然他们提出五千美元这样的好价钱，但我自己赚的钱也够了，所以觉得冒这个风险不值得。现在，这种做法已经非常普遍了，人们都能接受，于是我也考虑为"听听加里怎么说"拉点赞助了。你能想象这样的台词吗？"听听加里怎么说，由纽约喷射机队特约播送。"

2009 年的时候，我在《粉碎它》中第一次提到了名人营销这个概念，那时人们还在争论 YouTube 究竟能不能算一个大型社交平台。如今，YouTube 已经成为全民视频平台，脸书视频也紧步其后尘，颇为火爆。名人营销是一种飞速发展的领域，虽然在名人的社交网站或页面发布内容的费用已经达到数千美元，但其市场价值还是被大大地低估了。我一直都不喜欢去预测什么，但我可以坦然地做出这样的预言：在 2016 年，不管名人们为推销产品或服务赚了多少钱，和 2019 年将要获得的收益相比，都是不值一提的。那时候，企业会把大笔的钱付给名人，让他们帮忙在 Snapchat 和 Instagram，以及现在还没出现的许多社交平台上提升知名度。

我第一次倡导这种营销方式的时候，人们仍然对"谁都能创立个人品牌"

这个观点抱着怀疑的态度。这令人觉得奇怪。如今，这个观点却成为普世价值了。即使是十四岁的少年也知道，如果他或她能在 Instagram 赢得足够的粉丝，就会有企业找上门来，提供免费的产品，并付钱把产品图片发布在推送上。而且，其他浏览自己内容的同龄人也不会因此产生反感。请拭目以待——在未来十年，名人营销会成为广告业的一个顶梁柱。

我十分推崇这种营销方式，于是在 2013 年 5 月和杰罗·杰里合作，开了一家创意十足的公司，名为"葡萄故事"，专门包装 Vine 和 Snapchat 上的明星发帖人。从那以后，我了解了洛根·保罗、马库斯·约翰斯、金巴赫、乐乐潘斯、纳什·格利尔、爆炸萨杜勒等人的事迹，把他们从普通人变成了明星。他们是十五岁左右少年的偶像，声名胜过了蕾哈娜。如果你正当 25 岁，或者更大一些，可能对这些人毫无兴趣，但对于 14—24 岁的青少年而言，这些人算是家喻户晓的明星，而且成名的时间都超过一年半了。

➡ 如何定义名人？

我对名人的定义是：一个具有公共社会形象的人——就是这么回事。如果你有 24 个粉丝，你就可以利用自己发布的内容影响他们。或许，你的影响力达不到宝马公司完成销售目标需要的程度，但这改变不了你影响着某些人的事实。长久以来，我一直喜欢把小有名气的人大量地利用起来，由此抓住图表上的"长尾"（译者注："长尾"是指某个领域中不是非常重要、但集中起来数量众多的群体。）在这个方面，最基本的做法就是：不管你的行业是竞争激烈的体育界、还是葡萄酒界，你都可以登陆 Instagram 或品趣志这样的平台，纠集起粉丝超过 100 的用户，并想办法利用他们的影响力。现在，让我们换个话题，谈点别的东西：谈谈这本书吧。

我会把一月假期中的许多时间抽出来（或者说，至少利用丽琦的父母帮忙带小孩时的空余时间），尽量多找一些人，说服他们帮我做一件事：等天气转暖的时候，在他们的社交平台页面发布一张图片，上面是热狗和这本书的合影，加上"本年度迎春之书"（或者其他标题）之类的话题标签。我是认真的。我会花时间（这些时间宝贵得不可思议）找到 100—1 000 000 个小有名气的人，请他们发布这本书的图片。

"长尾"是有作用的。每个人都有自己的影响力呢。

➡ 对于社交平台的名人而言，最有前景的方向是哪里？下一步会因此发生哪些大的变化？

如今，社交平台名人拥有前所未有的能量，因为他们不仅能编制内容，而且能实现有价值的传播。要发挥名人的效力，产品和零售是两个最有前景的领域。从前，我其实可以利用自己在葡萄酒行业的影响力售卖高脚杯和玻璃器皿的。想想专题广告片是怎么做的吧。不要笑。如果"家庭购物网"找到了合适的人来推销商品，你知道五分钟之内能赚多少钱吗？这可是一个价值三十亿美元的公司呢。把你自己打造成"电视购物网 2.0"吧，你会获得丰厚利益的。

➡ 你现在利用"葡萄故事"做名人生意，在规划商业模式的过程中，你遇到的最大挑战是什么？有没有哪个公司在社交频道较好地发挥了名人效应？

许多公司都做得很好。我们的客户 GE 公司就闯入这个领域，首创式地在 Vine 上发布了一些时长六秒的科学实验视频，并以此为基础开展了一次规模更加浩大的宣传活动。维珍移动公司、惠普公司和三星公司也通过名人营销取得了成绩。而它们只是冰山一角罢了。在你读到这本书之前，90% 的大公司都已经考虑对名人投资了。在 2020 年到来以前，许多小公司也会开始寻访当地的名人。我所谓的"当地"，是指 Instagram 粉丝多于 329 人的附近居民。这个方法是有效果的，因为人们喜欢从信任的人手里买东西。以后，你会看到更多这样的案例遍地开花，从品趣志到 YouTube 概不例外。

说到"葡萄故事"，规划方面真正的问题在于，我们的业绩太好了。我们帮助有才能的人进一步发展，但是他们发展得太好，于是便投奔更有地位的媒体公司，比如"创新艺术家"公司和威廉·莫里斯公司。但是，以上两家公司也遭遇到同样的挑战。当你以自己的能力为基础构建商业模式，而非以某种资本为基础——比如一项技术，就会遭遇上述的问题。就像一个律师，上一个账单周期做了多少事，就发展到什么地步。

但是我把宝押在自己的长项上。我的长项是：1) 和人打交道，2) 关注潮流，并对其进行利用。我的生意就是以这两个长项为基础的。不妨告诉你们，在 2007 年推特开始发展壮大的时候，我就有过类似的经历。我的应对方式是：抢先一步驾驭潮流，而且比任何未来的竞争对手都更胜一筹。

➡ 名人营销和植入式广告有什么区别?

现代广告具有可视化的性质，因此植入式广告就是名人营销的核心。人们考虑名人营销的时候，并没有意识到可以用多种方式植入广告，对适合这种方式的大型社交平台尤其缺乏认识。比如说，Instagram 就是一个非常成熟的平台。我看到不少像"蛋白质世界"之类的品牌对 Instagram 上的名人一掷千金，但是广告手法却一成不变。他们只让一个靓仔拿着产品推销，我想这已经过时了。其实他们可以做得更加聪明，更加自然圆熟。

比如说，可以制作一个十五秒的 MTV，其中对某个名人的公寓进行了解式的探访，碰巧地在厨房里展示出产品。这样会显得更加诚实和自然。有些人雇用美女穿上泳装拿着产品展示，你应该摒弃这种做法，找一个本身就有客户和知名度的人来担任品牌大使，当这个人在你的品牌庆典出现，或是在肯塔基州大赛马中展示你的产品时，就会取得效果。顶尖的知名人士都富有创意，他们会以天衣无缝的手段推销产品，让它自然地融入庆典之中。GoPro（译者注：一个户外运动摄像机品牌）就是因此取得成功的。从本质上来说，它的产品就是相关背景中浑然一体的组成部分。

还有一些公司采取了相反的做法。他们的手段与此截然不同，在营销领域却也能笑傲江湖。他们让名人把产品推到镜头前面，自己却在镜头后面窥视，用这种办法把人绕进来，却也把广告做得自然易懂，这倒是挺荒谬的。

➡ 在整个营销策略中，应该让名人营销扮演什么样的角色? 我应该怎样联系其他营销渠道对它进行评估?

名人营销和其他营销渠道唯一的不同之处，就是同一件商品的营销内容和传播过程都要花钱。这就是区别。否则，你对它量化的方式就和其他渠道没有两样了。如果你买了网幅广告，你就会根据受众印象和点击量对它进行量化。为什么不用同样的方式衡量名人营销呢？说到印象，有许多在网络上登记的"印象服务"，虽然收取了费用播放广告，但和现实中的广告却扯不上任何关系。你应该明白，名人营销的资本确实会比较高，因为他或她的受众真正在认真参与，是不会快速滚动鼠标直奔主题的。而这种关注度正是我十分在意的。

因此对我来说，比较不同的社交平台并非难事，因为我关注的几乎都是可以追踪的页面或交易。如果你还不够幸运，还没做到这一点，又想获得广泛的关注，你也需要通过受众印象对自己的生意进行跟踪。在我看来（既然你在读这本书，希望你对我的意见有所重视），通过一个名人给顾客留下的印象，其价值远远超过花一笔普通的"数字媒体佣金"在网页右侧栏目内挂上几幅图片留下的印象。

➡ 怎样才能以就事论事的态度评估某个名人的收费？

在回答这个问题之前，让我先给你讲一个故事吧。

1997年底，我拓展出一个新领域。在大部分人都不知道互联网为何物的时候，我运营的"葡萄酒图书馆网站"（WineLibrary.com）已经风生水起了，我的电邮客户服务效果也惊人得好。后来 Luxury.com 出现了（是的，就是 Luxury.com，我再次向你们大声宣布），它说："嘿，葡萄酒图书馆，你要不要在我们的'百万人邮箱通讯录'中做个广告？"

那时候，我觉得脑袋都爆炸了。我甚至理解不了，怎么会存在含有一百万个名字的邮箱通讯录。那时候，我的邮箱通讯录里才不过几万个名字。所以我花了一大笔钱——那时候看来很罪恶的一笔钱，也是那年营销收入的一大块，大约是四万美元，投入了这个广告。我认为有很大机会吸收他们的客户，并产生 LTV（实时价值）。对我来说，这道算术题是有意义的。

发出营销邮件后的第二天早晨，简直就像吹响了集结号。我们召集了手头所有的仓库力量、销售资源和兼职雇员，准备为我感觉到的史上最大交易而奋斗。那时候，我们一天收到的订单有时是两份，有时三份，有时四份，所以我想那天可能会有几百份！

　　九点左右，电子订单要出现了。我像疯了一样刷新订单界面。早上9:03······9:04······什么也没有。接下来的十五分钟，我完全被吓到了，直到我想起来："哦！我知道是什么原因了！他们一定把开始派发邮件的时间定在了太平洋时间早上九点。"因此我给他们发了邮件，问情况是否像我猜想的那样，我是否要等到中午才能看到结果。

　　两个小时以后，我收到了一份回信，内容是这样的："不，邮件在美国东部时间早上九点就派发了。"那一刻，我只收到了一份订单，在落款处却打着 LUXURY 的编码。

　　我吃惊了，害怕了，懊恼了。然后我就意识到，邮箱通讯录里有多少人并不重要。重要的是有多少人读取了邮件、点击了链接、购买了你的产品。有些人可能会反驳说，这种做法为我的生活、公司和著作打下了基础。但那个时候，我认识到一个道理：重要的不是广度，而是深度；不是你认识的那些人，而是对你在乎的那些人。而其中的真正意义还包括：我指的"在乎"，是指那些"以交易向我反馈的人"。

　　因此，该怎样判断一个人是否有影响力呢？有许许多多的标准。比如说，他的粉丝是谁？如果你找的代言人是一个十五岁的少年，其粉丝基础是一群尖叫的女孩，但你的目标是把帮宝适纸尿裤卖给中年母亲，你就没抓住重点。因此，你要知道一个人的影响力波及了哪些人。一旦你了解了这一点，你就要忽略他或她骄人的粉丝量，观察每个帖子里究竟发生了哪些互动。首先，在数量的层面上，要审视全体粉丝中有多少比例参与了互动。然后要在数量的基础上，观察这些互动是肤浅的、还是有趣而深入的。我在 Instagram 上的粉丝数或许不算最多，但我为客户马克斯办公用品公司和史泰博公司所做的事，比起粉丝数量是我四十倍的人，却多了不止一点点。因为粉丝追随我的原因，不只是因为我有魅力（尽管说实在话，自从开始锻炼以后，我的魅力提升了很多），而是为了更深层次的因素。

➡️ **我的品牌还没在 Vine 上注册账号。如果我们还没找到适合发展品牌的地方，是否应该考虑 Vine？**

你的品牌可以选择任何一个平台，只要那里你的目标客户达到了足够数量就好。如果你的客户在一个平台活动，你却不去那里，那就是不理智的（这个理论也适用于某些在未来两年内会出现客户的平台）。在过去十年内，脸书、Instagram 和 Snapchat 的用户基础逐渐成熟，年龄比以前大得多，家长们也被迫到这些平台上去和孩子们交流。在这种情况下，请认清这些平台发生的变化，并务必对此有足够的考虑。

还有一个办法解决你的问题。这就类似于电视节目还未开播的时候，就考虑是否应该经营广告的问题——当然应该。你寻求的是知名度和特定环境下的活跃度，而不仅是把某个平台知名人士的粉丝吸引到你的粉丝基础中来。如果你向一些顾客推销，而 Vine 的一个名人可以帮助你接触相应的人群、建立起联系，你就胜券在握了。

话虽如此，如果你已经拥有一个 Vine 页面，可以加上标签，并因此额外获得 4000 名粉丝，那肯定就更理想了。你可以一遍又一遍地对这些人进行营销，然后向他们提供一些可以受益终生的内容，从而降低吸引他们的成本。请致力于这项工作，这是你应该做的。

➡️ **当你和某个名人签订协议时，你是要求他们模仿你的品牌原有的内容，还是让他们用自己的语言和方式来宣传？**

这是我见过的存在于公司、企业家和名人之间的最大争议。我坚信应该让 DJ 保持自己的风格。如果你写了一首歌，而世界上最顶尖的一位 DJ 想要以自己的模式进行尝试，那你就不该挡路，而要让他或她自己发挥。DJ 成名的原因之一，就是了解自己所做的事。没有哪个公司能和名人一样了解自己的粉丝。说实话，名人对粉丝营造相应的营销背景时，也要考虑自己的声望，不仅为了能够继续赚钱，也为了把你的营销项目做好。他们把你的产品放到自己的背景中，是为了让你的利益最大化。你可能不喜欢这种方式。这就是人才和公司决策者之间的典型代沟。归根结底，这是你的生意，你随时可以选择说"不"。但是说实话，我觉得你应该完全赞同。我当然不建议别人为没有事先见过的产品付钱。但你的赞同，体现的是罕见的 1% 的胆略，而不是为了实现一点投资的回报。

你为接触到名人的粉丝而付钱给他或她，其中还有一个原因。就是他们知道粉丝在做什么。即使你只想把这些粉丝吸引到自己麾下，也需要用恰当的方式。我向来喜欢拐弯抹角地回答问题，但是在这个情况下，我可以坦然地直接回答。让名人按自己的方式去发挥吧。

➡ 在社交平台限制对外链接的前提下，Vine、Snapchat 和 Instagram 上的名人还能拉动软件下载量吗？他们的营销内容对关键绩效指标的影响该如何评估？

这个问题的前半部分挺愚蠢的。答案是"当然！"

一方面，Instagram 现在确实有对外链接的广告。你可以利用某个名人的营销内容打开知名度，然后对他或她的粉丝发布含有对外链接的广告。你将要为此支付两次费用，而且冒更大的风险，但我认为这是一个有效的途径。

或者，你可以简单地进行一次可控测试。根据你现有的广告费用，估算出每日软件下载量的基准线，并据此进行评估。如果估算的每日下载量在 300—500 之间，而你借助名人的帖子进行营销之后，下载量达到了 1000，你就该明白有些因素发挥作用了。

有些人考虑的问题是某些工作为什么无效，而不是哪些工作有效，这类人太多了。我们要考虑有效的工作——这是基本的思路。在 Snapchat 上最关键的就是知名度，我明白这一点，但是到了某个特定的点，你的软件下载量会达到一个稳定状态，这是可以估量出来的。那个时候，你就需要引入名人营销之类的渠道了，因为通过这种方式，你就可以在自己掌控的状态评估业绩了。

➡ 如何以高明的、策略性的手段获得影响力？我对各类营销都是全力以赴。我应该如何和名人打交道，利用他们的品牌资本？我又该如何发展自己的品牌？

"如何获得影响力"这个问题，和"如何成为明星"是没有区别的。

第一个答案真的很有趣，就是要有才华。

第二个答案也挺幽默，就是要拼死拼活地工作。

这两个都是耳熟能详的、基本的答案，但它们却正好是意义重大的真理。我想，还有一个新出现的真理，就是要尽快适应新环境。如果你密切关注那些 Vine 上快速成名的人，或者在 Snapchat 或 Instagram 的同类名人，就会发现他们都是那些社交平台上的克里斯托弗·哥伦布。他们做到了捷足先登。所以，后来平台发展起来，新用户加入进来，发现了他们，他们便拥有了数量巨大的粉丝群。

如今，想要成为下一个"犹太肥佬"或"见鬼杰里"（译者注：这两人都是美国网红），难度却要高很多（虽然许多人都努力想做到），因为他们是平台创建早期地盘争夺战的胜利者。因此，如果你想成为一个视频名人，可以去 YouTube、Instagram 或 Snapchat 拼杀，即使它们已经是老牌的社交平台，也没有关系。或许，你可以利用这些平台磨炼自己的能力。把自己打造成一个专家，等下一次大变革发生时，你便可以运用自己的能力乘势而动，成为第一个行动的人。

因此，最好的办法就是登陆我不知道的某个社交平台，成为第一个采取行动的人……

然后培养雄厚的实力……

然后付出大量的努力……

第十一课

花圈店老板也能做广告！

只要描述的方式正确，就不会有乏味这回事。

现在，开始改变

"听听加里怎么说"开播的时间相对较短，在这段时间里，我遇上了一些人，他们觉得自己所在的行业沉闷无聊，而且已经过时，或者觉得工作没有激情，觉得这对营销造成了特殊的障碍。我成功地回答了他们提出的许多问题。人们可以举出各种非同一般的理由，或描述各类非常的环境，用来解释自己为何没有成功。这些理由和环境数量之多，令人惊叹。毋庸置疑，问题一般不是出在行业和工作的类别上，而是出在个人身上。就算机遇放在这些人的面前，他们也看不见。假设有这么一种环境，人们在其中不会努力去争取成绩——即使有也是少数，或者说所有条件从一开始就一成不变，这些人也不会觉得在这种环境中会比较容易取得成绩。

让我觉得振奋的，是我回答问题之后这些人的反应。他们中有相当多一部分，稍后给我发了邮件，说："嘿，你是对的。"他们还告诉我，我的答案让他们的思想发生了转变，因此很快便有了收获。我没兴趣当一个激励型的演讲者，但是只需小小努力就能改变别人的观点，这倒是令人惊奇和兴奋的。或许，我们都在为达不到目标找借口，但我们应该有更强的自我认知，要认识到自己实际该对命运有怎样的把握。我们中有许多人要面对各种各样的障碍，比如种族主义、性别歧视、国家主义等，即使考虑到这些困难，我们也应该对自我和命运有所认知。一旦你的想法从"我做不到"转变成"我为什么做不到？"，你马上会从防御变成进攻，而众所周知，得分的最好办法就是保持进攻。

➡ 对于乏味的产品，或者停滞不前的行业，该如何为它们编制营销内容？

在一个南方小镇，一个白人律师为一个黑人辩护。一个被宠坏的富家女结了三次婚，并在南北战争中幸存下来。一个少年认识了一个姑娘。你读过这几个情节中的哪一个吗？说到它们的出处，《杀死一只知更鸟》《飘》《罗密欧与朱丽叶》，听起来都乏味得要死。这些著作之所以经久不衰，是因为它们的作者以新奇、富有想象力、大胆和出人意料的方式讲述了故事。所以说，只要描述的方式正确，就不会有乏味这回事。

你提出这样的问题，这表示你的问题不在于内容，而在于思维模式。你应该迅速转变思维。只有输入的内容改变了，输出的结果才会改变。

开始的时候，不妨思考一下如何让人们认识你的公司、品牌或产品，要考虑所有可能的办法，从他们吃什么、爱好什么，到他们谈论什么话题，都要考虑到。不要把自己局限起来。要运用你的想象力，罗列出一切有用的选项。不妨以一家五金店为例，如果只看到工具、黏合剂和涂料，你就犯了可悲的错误。因为其他人会在看到自己的理想家园、他们孩子的城堡、完备的补水化妆品清单、一个新的菜园，或者一个鸟饲喂器。他们看到的是：自己的问题解决了，雨天的空虚被填满了，或者衣橱里的衣服数量翻了一倍。他们看到的是："仁爱之家"（一个慈善机构）、"鹰级童子军"（美国童子军中级别最高的一级组织）和"许诺铅笔基金会"（一个儿童慈善机构）。他们可能会看到汗水和实践，或者是灵感、改变、手艺和乐趣。

下一步，就要联系其他行业进行思考。我还在销售葡萄酒的时候，人们总向我介绍一些有意思的葡萄酒零售商，建议我去拜访他们。知道我是怎么回答的吗？"我才不做没用的事。"实际上，虽然我多年从事葡萄酒生意，在这个行业内花的时间少得却令人吃惊。我对社交媒体行业的做法也是一样，尽管我就是其中一员。我这一辈子拜访过的媒体同行大概只有六家。我不爱了解业内的新闻。我也不打听其他人的发展情况。

这就是我能够一次又一次地进行创新的原因。我不想照搬别人的做法——我要的是与众不同。因此我坚持发挥自己的长项，并寻找别人看不到的灵感。我收集过玩具，卖过棒球卡，由此获得了一定的眼力，能够以新颖独特的方式闯荡葡萄酒收集领域。我以硅谷和好莱坞的模式来创办"葡萄酒图书馆电视"。我还运用自己的商务技能，创办了一家注重结果胜于创意的媒体公司。在20世纪90年代末和21世纪初，我做过搜索引擎优化、电邮营销、营销内容编制等工作，后来我运用相关的经验，制订了针对新兴社交媒体平台的策略。如果你想开发一款健康类手机软件，就要注意食品行业、攀岩行业、甚至嘻哈音乐和体育界的动向。要坚持以天马行空、离经叛道的方式思考。而如果想停滞不前，最好的办法就是参考别人，因为许多人都在一遍又一遍地做同一件无意义的事。你猜猜这样做的结果是什么？他们会被一成不变的做法给毁了。没有人说内容一定要有趣或轻松。你应该尊重内容的主题，并让它适应社交平台的环境。你可能没法把内容改得轻松一些，但能够改得简单易懂。不妨在陈述中运用信息图、幻灯片共享、视频、图片、引用卡等形式，这样便能让人们理解你的内容，却不必思考得太深入。要注意选择配套的颜色和音乐。

请拿出开放乐观的态度，这样会让你编制的内容变得新颖有趣，让你改变别人对"乏味"产品的看法。

➡ 我的目标是振兴死者产业（又称殡葬业），在你看来，我们该如何把活力引入银发产业？

我对这个行业很感兴趣。从前也有殡葬业的从业者向我讨教。有一次，我建议一位殡葬业主管，请他要争取打造出第一名的鲜花网站，然后把这个网站和他的工作积极地联系起来。我说过，企业都应该把自己打造成媒体公司，为其他相关领域编制内容，并积极参与这些领域的活动。我说这些话的时候，意思就是要建立积极的联系。不要去评价你的竞争对手！相反，应该对那些超乎寻常、却与本行业有着惊人联系的领域发表意见。

无论什么时候，只要有人在行业内开创了新局面，尤其是像殡葬业这类古老的行业，就会被说成大不敬。或许，那些批评者是对的。或许，创新从来就是对陈规先例的一种不敬。每个从事高敏感度工作的人，例如殡葬业主管、临终关怀工作者等，肯定都要特别地谨言慎行。他们的职责是帮助处于最脆弱阶段的人渡过难关。但是，即使我们这些企业家和革新者大胆地在行业内开拓进取，我们也要以理解、同情和体贴的方式办事，从而避免得罪消费者。这个道理不仅仅适用于缓解他人痛苦的职业者。它对我们所有人都是适用的。

想要唤醒暮气沉沉的银发产业，方向就是创新。我进入葡萄酒行业的时候，这个领域严肃而世故，行家都是些六十岁的绅士，而不是像我一样来自泽西岛的二十五岁纽约喷射机队粉丝。所以我投入其中并进行革新。1996年，我创办了一家网络公司。YouTube 问世不到一年，我就创办了一个 YouTube 视频节目。而我在 Snapchat 和品趣志发布内容的时候，几乎所有企业家都不知道这些平台该怎么用。当你先人一步时，就会拥有自由，能够采取行动、即兴发挥，并发现最佳的方法。

第十二课

到底要不要读个 MBA 再创业？

我们的孩子们会成为如此追捧大学的最后一代人

大学，意味着什么？

这一章里有一些问题，它们的答案可能会让你觉得我不看好现有的教育体系。你会觉得我在其中看不到任何价值，因为我是个坏学生。这话可能也有一定道理。我是一个 F 等的学生，却受邀去哈佛、耶鲁和斯坦福演讲，这真是令人称心如意的讽刺事件呢。

学校从来就不对我的胃口。这话从一个移民口中说出是不寻常的，尤其是一个犹太移民。按照传统，教育是我的同胞（也是大部分人）冲出贫民区的武器。但是我读书糟透了。我指的不是拿一堆 B 和 C，间或还有 D 冒出它丑陋的脑袋。我指的是长年累月、惊世骇俗地一直拿 D 和 F。许多东西比毕达哥拉斯定理和语法有趣，比如我卖棒球卡赚的一大笔钱。我只是没耐心、没兴趣学习书本里的东西。我明白，书本不是我学习成功要诀的地方。

但愿更多人有这样的自我认知和自信。作为一个四十来岁的男人，我大部分时间和成功企业家和专业人士在一起，在现代商界，有些人教育水平和成就几乎没有关联，这让我挺激动。我从来不会说，一流大学的教育经历对高收入没有帮助，我不会这样无知和误导别人。而且我知道，有几千种工作都需要学历作为敲门砖。而且我充分而坚定地相信，在当今快速激烈的商务市场面前，美国高校系统已经失去了它的价值点。高校助学贷款的债务结构并不合理，会让年轻人背上沉重的债务负担。当你还是其中一分子的时候，我却觉得，我们应该开始讨论高校文凭是否对任何人都适用的问题了。

这种讨论很难开展，因为美国的大学梦已经根深蒂固。即使是孩子们，也在心底深处明白，如果他们不去学校，父母是不会善罢甘休的。许多人在成长过程中都对这样的观念耳熟能详：如果没有大学文凭，向社会上层发展或找一份好工作，都是痴心妄想，他们害怕自己的后代会因为缺少文凭而发展受限。他们没有认识到商业领域发生的巨大变化。还有一些时候，孩子们继承了祖母的经商天分，却不像他们思想传统的父母，这时父母对如何引导孩子全然不知所措。但最让我鄙视的是，父母常常把自己的面子和孩子们的成就联系在一起。他们强迫孩子进入不完善的教育系统，并为此债台高筑，只为了拿到那个正当的标签。这样做是可耻的。我希望每个反抗这种做法的人都能读到这章文字，找到打破藩篱、跟随自己内心的勇气。我是个彻头彻尾的企业家，但我没兴趣让任何一个孩子继承父业。如果他们选择更为传统的方向，我会支持他们。但是说真的，在我的孩子们上大学之前，优质的自由教育资源会出现在网络上。我们的孩子们会成为如此追捧大学的最后一代人。

如果你够幸运，可以仅仅为了获取经验、创造人脉、开阔视野和理念而花大价钱去上大学，那您请便！不过，如今你也可以去找人脉营造公司，或通过旅游开拓自己的视野。你为什么要借债去完成这些目标呢？这些债务甚至不能通过宣告破产而免除。你甚至还能同时赚到钱呢！有一点是肯定的：大学不能恰如其分地把你培养成当今商务环境下的金牌选手。你在大学里学到的任何有关营销或社交媒体的知识都会逐渐过时。整个市场在飞速发展，即使是出色的企业家，也要努力才能赶上节奏。你毕业的一个月内，就会出现一个新的社交媒体平台、一个新的手机应用软件、一种前所未有的商业渠道。要掌握这些新事物，你只能利用勤奋、前瞻性、出色的直觉、时间和耐心。除了生活这所大学，任何地方都不能教会你这些东西。

➡ 如果有些美国高中的高年级学生在考虑是否读大学，你对他们有什么建议吗？会建议哪所大学吗？

凯西·尼斯达是一位电影制片人，他做的事情五花八门，从拍摄网络视频电影，到为耐克、梅赛德斯奔驰、克鲁拍广告，还替《纽约时报》拍电影。有一次我和凯西合作拍一集"听听加里怎么说"，我们因此有机会长谈，讨论大学学位的价值。当时，我想他会说一些真正有意思的内容。

他回答我说（这段话在这儿引用，在长度和条理性方面做了些许调整）：

"在这一生中，你应该做的只有两件事：找到你的爱好，将其转化为现实。因此，如果你明白了自己想做的事，而其发展轨迹中无须大学教育，不妨便忽略它吧。有时候，你可能会不知道自己的爱好，或者没想过这个问题。如果是这样，你的责任就是找到答案。而在认识自己的爱好、目标和需求方面，大学会提供一种最佳的环境和氛围。"

我表示同意，但我指出一点，为了认识自己的爱好而负债 20 万美元，可能不是最实际的选择。现在，除了大学之外，人们还可以去别的地方聚集、学习、找到导师。这些导师会指点他们的人生之路，却不必让他们在工作的最初十年都负有债务。在 2015 年，大学已不再是唯一的选择。

我有些同龄人说，大学学位会在十年内消失，但我觉得不会这么快。还是有很多孩子去上大学，原因是不让父母失望。我有个孩子在上幼儿园，我和许多同幼儿园孩子的父母谈过。他们仍然重视大学，即使我们身边许多事都证明学位对于他们的孩子，已经不像对他们那样有用，甚至还比不上对他们父辈的作用。他们仍然把价值感寄托在孩子的成就上，所以他们促使孩子奔向没有意义的目标，因为那个目标可以证明他们的家教成功。在这种情况改变之前，大学仍然可以从年轻人和他们的父母那里赢取大量钱财，却基本没有提供什么实际价值。

凯西和我是幸运的。我们找到了自己的爱好，而且有能力据此做一番事业。有许多人也是这么做的，表现却挺糟糕。只要看看《美国偶像》海选，或者 NBA 球员的粉丝就可见一斑了。所以我问凯西，如果你追求自己的爱好失败了，会怎么办？

凯西引用了安娜伊斯·宁的话：

"生命萎靡或怒放，取决于你有多少冒险和尝试新事物的意愿。"他接着说道："正因如此，我觉得学术环境有助于尝试和实验新事物。如果你的爱好是绘画，自己却画技欠佳，大学可能会提升你对于画面设计的眼光，不一定要真的去画。你以后另外谋份好工作的同时，却仍然可以保持艺术家的激情。当然，如果因为错误的动机上大学，就可能浪费大量时间和金钱。你可以尝试一些其他机会，可能比大学教育更有实际意义。你不能指望读大学一定有回报，尤其是指望会成功。现在，有一个道理正越来越明显，就是任何事没有固定方法，尤其在当今技术发展、分享和传播信息的新手段与日俱增的情况下，更是如此。如果成功有固定路径，每个人都会走这条路，这在创意行业尤其是不可能的。如果要找到一条路径，读大学是一个不错的选择，但不是唯一的选择。当然，更不是你终将成功的保证。"

我后来拍摄了"听听加里怎么说"的第89集，邀请杰克·韦尔奇和苏西·韦尔奇参加，他们为以上话题加入了新的内容。在这一集中，他们向大家分享了无与伦比的智慧，并谈论了他们的新书《MBA 现实版》。这本书针对的读者，是那些已经工作的、在某些领域十分出色的人，这些人希望对自己的职业有一个全方位的审视。他们可能想快速学会某些技术、学习新事物，或者重新评估自己的选择，却不愿付出生命中的两年时间上学，也不愿负债。在那一集中，我们回答了许多维纳团成员的问题，这些问题也收集在这本书里。但是，我有几个自己的问题想要他们回答（对话在这儿引用，做了些许调整，使其更有条理）：

加里·维纳：你们是否相信，排名前 25 或 50 的 MBA 班在 2015 年的市场上和五年前一样有价值？或者说，和十年前、二十年前一样有价值呢？

杰克·韦尔奇：只有前十名价值不变。这些课程的价值消失得相当快。你去读前十名的 MBA 班，一毕业就有麦肯锡、博斯这样的公司排队等着请你。你就读这些前十名的 MBA 班，要付出 30 万美元的学费，但回报是相当可观的。

加里·维纳：现在我经常和那些 MBA 打交道，许多人都想创业。在你看来，如果他们创业，这 30 万美元带来的价值是否比得上去贝恩或麦肯锡之类的公司？他们应该去博斯公司拿高薪水、高奖金（同时还债），还是应该自己打拼？

杰克·韦尔奇：这取决于他们的创业思路是否有质量。企业家这个工作和律师、医生不一样。你的思路是什么？价值点是什么？能够成功吗？

➡ 如果你能开设并教授一门大学（或高中）课程，你会怎么给它命名呢？你将如何授课？

它的名字是"为什么你一开始就不该申报这门课？"这门课程会探讨学校和商界脱节的问题。在学校里，学生们学习书本知识，研究历史，写论文分析为什么一个营销活动会比另一个效果好的原因。这是一码事。但是，利用你学习的知识，并能够真正把它运用到现实世界中，是两项与之截然不同的能力。我不确定，你课程的成绩是否表示你在这两个方面同样出色。

如果我要教授一门课程，我最反对的就是学生对我的话照本宣科。我见过数不胜数的人模仿我的夸张方式，却没有按照我的建议去做。老天啊，他们像机器一样呢！你知道我为什么鄙视这种做法吗？是否因为他们伤害了我？不是的。原因是，如果他们不努力，我就没法影响他们的进度。他们让我显得差劲。如果你在 Instagram 上转发我以前一个关于勤奋的帖子，每个见到的人都会觉得你也挺勤奋。但实际上你不勤奋。你每天玩几个小时《使命召唤》，看《行尸走肉》，星期五只上半天班。但外面的世界不了解这些情况，所以人们见到你一无所成，在他们眼里就好像我的建议没有效果了。有时候，我在开会时见到这类人，或者收到他们直接发来的短信。对我而言，看到这些人有言语而没行动，是件挺可笑的事。替别人圆面子无疑是桩美事，但更重要的是，指出他们的错误，才能让他们再次回到正确的方向上去。

当我告诉你要勤奋的时候，你不能光点头，却没有真的付诸行动。你不能再去推特上看关于虚心采纳意见的励志帖子，却没有实践。在 Medium 平台，籍籍无名的人们可以传播他们的内容，获得影响力，我的粉丝却几乎没人在那里发文章，这让我难以置信。我经常登陆那个平台，而且我本来就有粉丝。我烦恼的是什么呢？我在那个平台获得了更多的粉丝！而这些粉丝是我做所有事的动力。我最大的建议是：别当学生，要当实践者。要领会这个道理，你其实不必花十二个礼拜去上课。

➡ **我今年十四岁。我想当一个企业家，却不知道如何起步。作为一个小孩，我应该怎样做呢？**

想当企业家，和真正当一个企业家，是不同的两码事。如果我是你，我会把身上的上衣卖给另一个小孩。我还会去找些石头，把它们卖给一个九岁的女孩。想当企业家，最好的办法就是像企业家一样行动。企业家是卖东西的，所以你可以去做一桩生意或卖些东西。如果你仍然不知道怎么起步，在邻居中找一个年轻的企业家，这个人做的生意需要是你感兴趣的，问他要不要帮忙。去学习那些门道吧。书本中没有那些门道——只有通过实践获取。马上丢了这本书，或者 Kindle 阅读器，孩子。向四周看看，找到点什么东西，把它发布到 eBay 上……去吧！

➡ **我读了《思考＆致富》，这本书让我的生活有了积极的改变。是否有一些书影响过你？**

没有。我写了四本书，其中一本关于葡萄酒，还有三本关于经商之道。等我写到第八本书的时候，我写的书就比读的多了。许多人认为我有一个缺点，就是不读书。我有时觉得他们没错，有时又觉得他们是书呆子，在这两种想法之间摇摆不定。其实我是读书的。但我读的书和其他人不一样。我在卖棒球卡之前，会阅读上面的内容。我还把葡萄酒交易的过程记在心里，运用学到的东西在"葡萄酒图书馆"经商，甚至在我会喝酒之前就是如此。我读的内容是自己感兴趣的、实际的，形式一般简短而容易理解。

实际上，我读过两本商务书，其中一本是华特·伊萨克森所著的《史蒂夫·乔布斯传记》——如果这也能算商务书的话；另一本是约翰·巴特尔写的，名为《搜索》，是有关谷歌的。另外，我最喜欢的一本书是关于美国最高法庭的《九人》，作者是杰弗里·图宾。

➡ 我觉得网络课程正大规模地侵占传统教育的地盘。你有同感吗？这其中是否有商机？

是的。比如说"技能分享""卡恩学院"和蔡斯·贾维斯开办的"创意生活"，都是这类课程。我想学东西的时候，我就上 YouTube 找个一分钟教学视频。信息是一种商品，而互联网为我们提供了一个平台，让我们用这样的方式学习。我不需要一个教师来教基础知识，不管他或她多有魅力。重要的是意见、理解和情境，这也是专家体现价值的地方。比如说我的节目，我提供的基础内容和其他人的没有很大差别（但是我这人不太谦虚，我觉得有些内容可能是我的创意，假以时日，它们会成为主流，成为公有财富）。重要的是我提供的情境和事例，这些也更加有趣。没人可以模仿这些内容。

如今，你在教育领域看到的变化，比起未来二十年将要发生的巨变，简直就不值一提呢。

➡ 你对别人的兴趣、爱好、工作感兴趣时，会学到一些新技能。你这样学到的最新技能是什么呢？

是高尔夫吧？我的弟弟 AJ 迷上了这项运动。不过，打高尔夫要四个小时，我对它的喜爱还不足以让我付出这些时间，所以就这么算了。除了这个，我要说的可能就是对数据的尊重了。这是个古怪的答案，是吧？当时，埃里克·卡斯特那和约翰·卡斯门提斯拓展了"葡萄酒图书馆"，向我展示了营销的另外一面——数据追踪法和 CRM（客户关系管理系统）。

那时候，数据产生的能量是令人惊叹的。在 2000 年，当互联网还不普及时，我们的许多想法产生了效果。结合埃里克和约翰的电脑技术，以及我的营销手段，我们创造了"葡萄酒图书馆"的网站雏形，从而有力地推动了业务的发展。

我是一个自学成才的社交媒体营销员。在找工作之前，去上课有没有意义？

我无法判断上课对你是否有益，因为其中有太多因素。课程好吗？你是那种能够在学术环境中学习的人吗？通过实践会不会学得更好？社交媒体和现代数字营销正处于笨拙的起步阶段。现在授课的人是 1995—2003 年做营销的早期业内人士。坦白地说，许多人就是废话连篇罢了。未来五年内，新一代授课导师会取而代之，对于如何做生意，他们的观念更先进，那时候我会更赞同你去上课。不过，即使这样，我也担心现代电子商务发展过快，传统教育模式赶不上它的步伐。

关于找导师，你有什么建议吗？

我从来不想要什么导师。我在父亲公司里有一个，但我推掉了。我父亲以前常开玩笑，说我要当一个不知出处的椰菜娃娃，因为我在生意上非常独立。如果你想找导师，你便去找一个吧。但是，除了跟着人转悠、向他们学习之外，你还需要做些别的。大家都忙，而指导别人是要花时间的。即使是最慷慨、最友善的人，在答应指导别人之前也会三思，尤其是彼此不熟的时候。你要做的第一件事，不应该是请人当你的导师，而是让人知道你会提供一些有价值的东西。换句话说，你要让人知道，让你在身边是有好处的。

比如说，戴维·洛克（又名 D 洛克）是"听听加里怎么说"的导演、制片人和编辑。他也是这个节目存在的一个基础。他是冷不防找上我的。和许多人不同，他没开口要工作或投资，没让我帮忙介绍，也没让我和他来一场励志谈话。他对我说，他想要制作一部长篇的视频资料，是关于我的。后来他便制作出五分钟视频《"云"与"尘"》。换句话说，他要我付出时间和精力，他提供同等价值的东西作为回报。这件事后，他也没向我要工作。我看着这个美好的结果，便心知肚明，如果不雇用他继续效力的话，我会发疯的。我想要他在我身边。如果你想要别人当导师，你需要让对方觉得，你也可以反过来对他或她进行指导。

有些教授希望在教室里吸引学生，你对他们有什么建议？在课外又有什么建议呢？

我会尽量用尊重的语气回答这个问题：如今许多教授和学生脱节了，这种脱节已经到了前所未有的程度。总有重点大学的学生给我发邮件，说他们坐在教室里，教授在前面讲的东西没有意义，他们实际上在收听我的播客。"教授对我说，社交媒体不会带来收益！"所以你们面临最大的挑战就是相互联系。如果你是一位教授，特别是营销和沟通方面的教授，你不迷恋 Snapchat 和 Instagram，那便是错误的。你和学生脱节，而且落后他们一步了。你需要了解他们的世界，说他们的语言，这样才能和他们打交道。或许，你会对社交媒体上的烂语法、错误拼写及其成瘾性翻白眼，但学生们也会对你翻白眼。这些平台正在改变我们社会的交流方式，对你的学生有巨大的影响，如果你不参与其中，你就无法为学生提供最大的价值。

你不能对此抱浪漫想法。如果想有效教学、对学生产生影响，你便要投入现实，甚至拥抱它。

我今年十岁。你写的哪本书适合我？什么时候读好？

先去读《引诱、引诱、引诱，出击》吧。从许多方面而言，这本书是《粉碎它》的现代实践版，尽管不如后者那么激励人心。尽管如此，《感恩经济》却是你最应该重视的，因为它具备最大的持久性和深刻度。其他的书侧重于策略，但《感恩经济》是关于哲理和信念的。比起维纳团的成员，你或许更能领会《引诱、引诱、引诱，出击》，因为你是在社交媒体环境下成长的，你不知道其他的交流方式。

哦，我希望问这个问题的孩子现在正在读着这本书。我希望你知道，你的思想是划时代的！才十岁就注意这些了！这给我留下了很深的印象。和孩子们一起读这本书的读者们，告诉你们吧，如果要学习商业技能，十岁是一个很棒的年纪呢。

如今，公共教育领域总是处于士气低下的状态。政府指令和课程安排效果不佳。在这种情况下，我们该如何建立一种"感恩经济"的文化？我们没有资金，而且最首要的是，不想对教师施加高压。

你做不到的。这个机器太庞大，而且已经坏了。就算搭上我所有的魅力、精力和影响力，也无法让全球五百强企业全体采用现代营销手段，你却想改变整个学术机制吗？这是天方夜谭。作为个人，你能做的事，就是我在"听听加里怎么说"节目中做的事。你可以发表很棒的内容，利用能够接触大众的平台，然后教他们东西。如果你喜欢幻灯片形式，你就使用 SlideShare，喜欢视频形式的就用 Academy。在空白的领域里一展拳脚吧。要在这个系统外奋斗，不要在它内部努力。

通过在现有的游戏框架修修补补，是不能对任何事物产生巨大影响的。一向以来，只有重新审查基础设施，并对原有体制施加巨大压力，才能促成改变。而改变是必需的。

第十三课
"我爷爷要炒我鱿鱼，怎么办？"

在我的职业生涯中，我最感激的一件事就是有机会和世界上最爱的两个人一起工作。

我做过最正确的决定

我写书的原因有很多，比如获得经济利益，多些在公众面前露脸的机会……好吧，没错，还有实现自我价值。不过，当我有写新书的思路时，还有一个原因驱使我付诸行动：它能真正帮到别人吗？它可能改变某些人的生活轨迹吗？《粉碎它》就做到了这些。它出版七年后，我还收到读者的信，讲述他们受到鼓舞、追逐梦想的过程。我希望这一章也有这样的效果，能够帮助在家族企业工作的人，或考虑进入家族企业工作的人。

我运作过两个家族企业，其中一个和我父亲配合，另一个和我弟弟。生意有多复杂，他们就有多世故。有一条箴言最让我喜欢："让企业倒闭的最好办法，就是做决策时感情用事，赚钱时讲浪漫，或者在完成手头任务时受感情左右。"话是这样说，但我也明白，处理家族企业内部矛盾是最动感情的一件事。每一个礼拜，都有人发邮件给我，问这样的问题："怎样才能让爸爸允许我尝试新事物？"或是"我该怎样说服妈妈投入 21 世纪的潮流中？"相信我，我曾有同样经历，对你感同身受。

我会努力用温和的方式讲解，因为每种情况都有其特殊的因素和变数。但我讲一个道理，希望它能够普遍适用，不论你处于怎样的情势之中：如果你和你家人之间的感情胜过对生意的感情，你就会成功。在我心里坚信，感情就是我们如此成功的基石。此外，我们还对处理关系本身投入了很多。我经常想，如果我和父兄不是一起做生意，我们的关系会是怎样。除了做生意，我还有其他什么方式和父亲相处。不过，在我和弟弟的成长过程中，我们一度拥有比现在并肩作战更无忧无虑、更活跃的时光。有一次，我们还盘算着开一些与工作无关的会，好在职场之外培养我们的手足之情。

大多数人会建议家人不要一起做生意，说是拿家庭和睦去冒险。我完全不同意。我说，如果有机会的话，就一往无前地去做吧。我对这个话题很有兴趣，多年来和很多人谈过，其中甚至有六七十个人，他们进军商界之后，家庭像原子弹一样爆裂了——家人到了互不说话的程度，有的甚至几年不说话——即使他们也会承认，和家人一起度过的日日夜夜让他心怀感激。因此，如果你犹豫是否迈出这一步，我可以毫无顾虑地对你说，这个决定很好，你不会后悔的。

我可以坦白地说，在我的职业生涯中，我最感激的一件事就是有机会和世界上最爱的两个人一起工作。这有时并不容易。这需要深厚的感情，以及大量的共鸣、自我认知和怜悯心。但是这也磨炼了我的沟通技巧，其进步是无法估量的。当你有一个家族企业来磨炼自己，斯坦福大学和沃顿商学院还有什么必要呢？虽然我曾经在父亲办公室吼过，虽然我曾经和弟弟谈得挺不愉快，但我想自己是最幸运的，因为拥有和他们之间的一切。

➡ 让你在乎的人认同你的经商理念，这一点有多重要？丽琦对你的商业帝国有何影响？

在我成长的过程中，每次听到那句著名的格言"每个伟大男人背后都有一个伟大的女人"，都会投以白眼。这说法对我没有意义。以前，我冲在第一线，拼命努力，无须任何女人的支持也能干得有声有色（除了我妈妈的支持，那是全然不同的一种关系）。谁需要女人支持呢？

后来我坠入了爱河。我成熟了，成为一个男人，并且意识到以前的想法多么不正确。丽琦对我事业的影响之大，让我目瞪口呆。她的支持，完全的、彻底的、百分之一百万的支持给了我需要的空间，让我可以全心投入维纳媒体公司的事业。

我的意思不是说，没有她我就不会成功。毫无疑问我还是会成功。但我肯定自己会变成一个不快乐的人，没有现在这么健康和满足。她让我的生命变得完整，这表示我不必浪费脑力考虑生活中的小事——这是多么好啊。我个人的幸福在于，除了陪着她和孩子，我可以把精力百分百投入生意之中。因为丽琦和她的支持，我每天都有大量时间投入事业。

对于企业家而言，需要有尽可能多的自由来实践自己的理念，这是至关重要的。但是，有时候人际关系或家庭责任缠身，让你只能投入 70% 的时间。这完全是可以的。成功不是一场极端的游戏。你仍然可以成功，只是比你希望的要久。如果不考虑特殊情况，创业无疑需要大量的时间和精力，你、你的配偶或搭档都要对此抱着实际的态度。不管你如何处理生活和事业，要确保两人同心同德。要有效地、积极地沟通。

但是，如果你爱一个人，他或她就会比其他一切都重要。这种想法也可以接受。这就意味着你要改变事业的节奏和发展路径，否则你的事业与爱情之间会一直有摩擦。

当然，拥有一个支持你的亲人，并不是成为一个成功企业家的决定因素。但这会使你进步速度快得多。而且肯定会带来更多乐趣。

➡ 你如何应对家族企业带来的特殊挑战?

小心应对。家族企业是不好应对的，因为每天都受到感情和往事的影响。我今天有了第二个家族企业，也希望有朝一日和儿女合作再开一家。我想，我们之所以能在家族企业拥有愉快的工作经历，是因为父母教导我们，骄傲和竞争性要永远让步于亲情。我们发生过很多争执，尤其在经商观点方面，但我们总是在睡觉前就把怒气消化掉。我们总是努力想办法，在当天弥合不同的意见。

在一个家族企业创立之初，你应当营造一种环境，让亲情的地位高于每一个人的目标。

有人问过我，生意上的事是否会影响我和弟弟 AJ 的关系，事实上，我和 AJ 合作，比和父亲合作少了很多阻力。他们的个性迥异，而且我在两个公司中的角色也不同。我在"葡萄酒图书馆"是二号人物，但我在维纳媒体公司是一号人物。AJ 很擅长实事求是地表述问题，而且他这个人不会当甩手掌柜。他九岁那年，我二十岁，我们一起在 Ebay 上开了一家店。起初我和他的占比是 70/30，但是有一天他跑来对我说，他觉得应该各占一半，虽然我出了全部的钱，教了他如何经营，但是他付出的已经价值 50% 了。当我们创办维纳媒体公司时，虽然我已经有了生意和影响力，公司的很多生意都源于我的个人品牌，我们却商定还是各占 50%，让公司一开始就有合理的出发点。

当然，我们也有过意见相左的时候。他坚持认为，我们不该要求客户预付四分之一的款项。我想方设法地证明他是错误的。我相信如果他是这本书的作者，他也会引用几个故事，说明我是错的。但我们归根结底是完美拍档。他对我的方法理解十分透彻。在他安静的外表下，有着超乎寻常的成熟和自知，这对他很有好处。而且，他也有了自己的方法，为我们公司创造了巨大的价值。在我们开创这项事业六年之后，我们就再没有激烈争执过了。

如果你准备和一个你爱的亲人一起开办家族企业，谨记一件事：要比对方更成熟。这个法则总是管用的。不管因为什么事发生矛盾，不管争执有多激烈，要记得说"我爱你"。这句话是家族企业的生命线。

➡ 你认为 AJ 从你身上学到了哪些生意经？

我让 AJ 回答这个问题，而他的答案让我感动。他和我合作学到的知识，正是我试图教给所有员工和维纳团成员的，这一点让我很受触动——你评价我的话，正和我的想法不谋而合呢。

那么，AJ 说他自己学到了什么呢？

1. 用前瞻的角度看问题。在快速建立一个企业的过程中，你会和许多事不期而遇，有些是好的，有些是坏的。你要防止被好事捧得太高，也要防止被坏事拉得太低。

2. 把注意力集中在重点和大局上，不要强调其他事。

3. 在你和员工的互动中体现个性。有些公司领导抱着人力资源理论，觉得那样可以保护自己，加快工作进度和效率，但我们不用那些千篇一律的东西。每种情况都有其特点，要区别对待。我们尊敬员工，知道他们的个人成绩和能力，由此建立了一支强大而忠诚的团队，每天都为公司发挥出最大作用。

➡ 你会不会像你父亲一样，敦促儿女从商？如果他们不愿意，你会感到失望吗？

我从小就是个学渣，同时也是杰出的销售员。在我十四岁时，我父亲把我拖到店铺里，他这么做是考虑周全的。尽管如此，如果我讨厌在店铺干活，并告诉父母那不是我这辈子想做的事，他们不会强迫我留下的。我的弟弟 AJ 在店里只待了一个夏天，因为我父母一眼就看出那不适合他。顺便提一句，他是个学霸呢。

当时，我的父母尽量给我机会，让我去发挥自己的能力，但我自己不希望成为这样的父母。我想把自己的孩子放在通向成功的位置，而有时候这对他们是个考验。他们要知道成功来之不易。比如说，我儿子桑德两岁半的时候，我们在起居室里为他架了一个篮球网。我以前常常和他玩，但他一看到我捡球就哭，因为他知道我要拦他了。没错，在起居室篮球赛里，我不会让这个蹒跚学步的小子得分（一分也没有），因为我想要他明白，无论在生活中想获得什么，都要去争取。

或许我的儿女会成为杰出的商人。或许我们会联手做生意。又或许他们会长成笨蛋，在沙漠里都卖不出水。我不会在乎的。丽琦和我会无条件地爱他们。我们全部的要求就是，不管他们选择做什么，都要一心一意、全力以赴地做。如果他们决定这一生要致力于拯救一条腿的蝴蝶，我也会尽我所能帮助他们。我们的任务不是培养孩子去实现我们的梦想，而是实现他们自己的梦想。

➡ 如果你的儿女想加入家族企业,你会让他们从底层做起吗?

好吧，等我孩子的年龄足够加入家族企业时，我很可能已经买下纽约喷射机队了。

毫无疑问，如果他们那时还没有一点出门谋生的经历，我肯定让他们从底层做起。如果他们有了相关经历，我会把他们放在最能发挥知识和技能的位置，和安排其他员工的方法是一样的。更重要的是，如果他们不配当领导，我是不会提拔他们到那个位置的。这是我在维纳媒体公司的铁律。在两个家族企业里，我们都雇用了朋友和亲戚，这些人的位置各有不同。只有在一个人有相应的能力时，才会被提升到掌权的位置。

我对孩子们的爱如此深厚，等到决定他们胜任什么位置的时候，天知道这会不会影响我的客观性和判断力。但是，美国的人才管理制度和资本主义制度在我心中根深蒂固，我相信这些理念会胜过舐犊之情。而且，你在创办一个团体的时候，创业伙伴也会成为亲人。等我的儿女可以经商的时候，我身边可能已经有了五十个共事二十五年的老伙计了，我对他们的感情也会非常深的。当然不如我对孩子们的感情，但是会亲密得要命。如果我的孩子加入公司，他们要尊重和应对这种情况。

➡ 我正在和一个三代人运营的地产公司做生意，已经有了
合作基础。如果我想提升合作关系，该怎样让思想陈旧的人
高兴呢？

我非常幸运，因为我在"葡萄酒图书馆"尝试新事物、新主意的时候，
我父亲给了我很大空间。因为那些主意，我迅速获得了很高的威信，因而有
了"空中掩护"，可以自行其是。所以我从未遇到这个问题。但是，我觉得
在维纳媒体公司遇到了这个问题。现在有一些客户固执地坚持B2B的旧模式。
他们可能非常多疑，非常犹豫。我发现和这类人打交道时，你需要有一点直白，
甚至有一点严厉。你可以毫无顾忌、态度尖锐地对他们说，如果死抱着浪漫
念头和传统观念，关门倒闭就在眼前了。

你应该用自己的方式如法炮制。在你这个位置，太多年轻人只想顺着他
们的父亲、祖父、曾祖父，绕着他们打转，努力接纳他们的想法。但是，如
果每个人都遵照父辈和祖父辈的套路，公司又怎能适应新年头、新时代的形
势呢？为了让你的公司有价值，你必须改变。你没有别的选择。

不过老脑筋是很难改变的。你可能得从许多不同的角度尝试，看看他们
会从哪个角度接受你的新想法。有些人接受善意和蜜糖，另一些人只在你严
厉专横的时候才会听你的意见。有时候，你得表现出令人目瞪口呆的同情心，
有时候又得非常蛮横。可以尝试不同方法，直到某一个管用了为止。你真的
别无选择。

我明白，没人想让家里永远过不了感恩节。如果祖父炒你鱿鱼，那也是
一桩真正的悲剧。但是记住，你不必态度粗暴、嘶吼或打架。你应该直言不讳，
立场坚定。还可以找点救兵。在最后摊牌之前，不妨找个和这件事相关的人
来支持你。要提出无可辩驳的证据。你的祖父或父亲可能依然坚持己见，但
如果他是一个好商人——你应该这么看待他，因为他经营公司这么长时间了，
他会重新审视你的想法。

最重要的是，如果祖父支持你，把导演这场戏的权力交给你，你会做得
更好。嘿，伙计，你这下得表现得更好了。如果办不到，他就会永远把你看
成家里的小孩。

一个人想移山的话，就要准备迎接雷击。

第十四课

"富爸爸"一定养出"熊孩子"吗？

我在决定是否给你投资或者聘用你的时候，并不在乎你是否出身富裕。我在乎的是你有没有养成懒散的性格。

如何养育下一代

　　教养子女，和经营家族企业一样，都是一个高度个人化的问题。我们教养子女的方式，很大一部分取决于我们的个人情况，包括经济条件、父母、家庭各方面的力量等。因此，如果要我给出教养子女的建议，我会吓呆的。但是我不能退缩，因为我深切地感觉到，我们教养子女的方式会对生活的方方面面产生影响，包括我们经营企业的风格。

　　我经常说，父母对我的教养是无可挑剔的。我真心感到他们培养我的方式和我的成功之路有着千丝万缕的联系。我知道一个孩子能够按照自己的步调前进是什么感受，我无比幸运——我出生在这样一个家庭，父母不仅允许，而且鼓励我在这基础上更进一步。他们让我拥有种种品质，让我成为如今的男子汉和商人，我对他们的方法很有兴趣，希望能在各个方面效仿。对于想把孩子培养成企业家的人，或是有兴趣塑造和引导下一代成为行业领袖的人，我想自己的意见是有价值的。

　　你如果需要商业方面的建议，最好去找已经创办公司的企业家或商人，而不是纸上谈兵的人。因此在养育子女的问题上，你求教的人，最好是在养育子女方面比我多几轮经验的人。但是，我和不少年轻人共事过，他们说起自己的经历，我因此知道他们踏上创业之路时自己和父母的种种压力和担忧。我还和很多父母谈过，说起我的一些做法和当时的环境。我觉得似乎自己这一生都在练习为父之道。信不信由你，我天生就有养育小孩的细胞。我的弟弟 AJ 比我小十一岁，所以我十九岁的时候他才八岁。我爸爸是个老派思想的工作狂，所以我有大把机会陪伴弟弟，可能大部分当哥哥的都比不上我。未来对我们的孩子意味着什么？在这个问题上，我有一些观点，可以缓解许多人的忧虑。我知道这只是个人观点，但从我的角度而言，这些观点看起来都挺好的。

　　我怀疑我和父母兄弟的关系比大部分人都要密切，所以我不觉得父亲的身份就意味着无条件的爱。因此，当我体验到对两个孩子深厚的爱，就会觉得非常震撼。他们如果有什么痛苦，我简直感同身受。有一天米沙对我说，有人在学校说她是话匣子，她感觉很受伤。她和我像极了。我一年级的时候，音乐老师也说我是个喋喋不休的小孩，因此我了解她的感受。但是，看到她这么伤心，我快要发疯了。那时候，我们甚至还没有遭遇粉刺、校园欺凌，以及笨拙的成长期所带来的问题。

我想我学到的道理就是，父母之爱确实是世界上最重要、最强大的东西。还有，DNA 的威力可不是闹着玩的。

➡ 你母亲是如何培养你的自信心的？

我生来就有点自信，但她给我洗了脑，让我觉得只要做好平凡的事，那便是不平凡的。比如说做个漂亮的发型，然后去参加舞会。真的是这样。我相信她，所以独自闯荡世界的时候，我无所畏惧。

她又是怎么避免我成为一个被宠坏的、以自我为中心的顽童呢？每当我做错事，她也会把它当作一个非同寻常的问题来看待。她不会总是表扬我，她用自己的观念、语言，以及时而流露的"魅力"来教育我。任何一个人，只要在传统欧洲教育下长大，都会明白我的意思。

我妈妈鼓励我尝试新事物、争取成功，我打算把这种理念传递给我的女儿。现在我对她说，她的转圈动作是我见过最漂亮的，我这辈子都会为她的努力喝彩。对我的小男子汉桑德，我也是一样，即使他表演最傻气的本领，我也会表扬。此外，我也会以同样的方式对待我的员工。我知道，我的员工在认识我之后对自己更满意了。我们聘请新的高级雇员一段日子后，他们也会告诉我，公司里的年轻人如此自信，他们觉得很意外。这是谋划的结果。我为每个人注入满满的信心，从而营造出一个更有创造力、更愿意冒险的氛围。我的方法不是每天表扬员工。准确地说，我是把信心灌输给领导层，并鼓励他们向下传递信心。

➡ "鲨鱼桶"的嘉宾芭芭拉·克兰特说不会对"富孩子"公司投资，你怎么看待具有优越家庭背景的企业家？

长期以来，我都和许多人一样，会听到一些对富家孩子的偏见，内容大致是：因为他们有钱，我想他们不会争取，他们的成功是家里给的。但是我感觉这并不一定正确。我有很多富家出身的朋友，他们迫切而热情地创造自己的事业。因此，归根结底，我在决定是否给你投资或者聘用你的时候，并不在乎你是否出身富裕。我在乎的是你有没有养成懒散的性格。

所谓上行而下效，所以我考虑给背景超级优越的人投资时，会深入考察他们的成长环境。他们是否被父母宠坏了？父母是否让他们从事喜欢的工作？是否教导他们富裕的价值？是否告诉他们金钱在我国阶级、教育、政治活动中的角色？是否告诉他们，我们心安理得享受的某些福利，在世界的其他地方却是一种奢侈？通过这些问题，我会判断给他们投资是否有价值。这是因为，如果他们接受的教育恰当，便很可能具备高超的工作理念，他们会把家中所学运用到公司里，从而设定正确的基调、创建有力的文化。而这些公司，便是那种会给我最好回报的投资对象。

生在富家，或是自己有钱，都完全没有错，除非你表现得好像有钱人在天地万物中高人一等，好像你比其他人都优越和有价值。我在职业生涯的初期颇为寒微，却因此有了自己的视角，我对此心怀感激。我儿女的成长环境和我全然不同，但如果他们表现得像"纨绔子弟"，我会羞辱他们、让他们流眼泪的。如果他们变得娇气又怯弱，这便是我的问题。但他们不会的。他们会明白该怎样奋斗流汗，去争取自己想要的东西，因为丽琦和我都全力以赴，确保他们会这样成长。

➡ 我很好奇，你对儿童使用技术产品怎么看？

如果你对一个洞穴人讲述现代人的情况，他们会感到害怕。但这就是进步。我们的孩子和我们不同，这不是坏事。

我们表现得好像技术是孩子生活中的不速之客，这种情况应该改变了。技术是他们的生命。如果有人担心技术会剥夺他们的童年乐趣，就类似于老一辈人担心孩子会因为室内管道系统变得脆弱，因为摇滚乐变得堕落，或者会因为看太多电视损害脑子。每一代人都为下一代担心，但我们不需要这样。我们的孩子对信息不那么敏感，但是他们会成长为有趣的一代，会做出一番事业的。

但是，如果你认为应该控制技术对孩子生活的影响，那着手去做吧。这就是为人父母的好处：你可以按自己的意愿培养孩子。如果你不希望孩子在YouTube上看太多视频，就限制他们使用iPad。如果你想定一条规矩，晚上八点以后关闭所有电子产品，就照此办理。如果你觉得最好定一条家规，让孩子每看半小时屏幕，便要花半小时运动、锻炼或进行户外活动，那也是你的权力。你的孩子你做主，你的家庭你做主。我不限制孩子看电视或电子产品的时间，因为我觉得这有助于他们做好准备，投入未来的生活。我怀疑那些真正在严格管制下成长的孩子，一旦脱离束缚独立生活，就会发疯犯傻，也要很努力才能学会自我约束。我想，我的儿女会觉得有无限自由去玩游戏和发短信其实是件寻常事，因此也能学会合理安排时间。

➡ 如何和孩子们一起面对社交媒体？

我难以想象丽琦在互联网会做什么，想象孩子们的表现会更难。我对社交媒体的黑暗面心知肚明，也知道要教孩子明智和正确地使用它。和每个爱孩子的父母一样，我要保护他们，免得他们被欺凌、被戏耍，或者过早接触一些事物。我们居住在曼哈顿，这里的环境加大了这种风险。这里的孩子挺早熟，七岁就像十七岁。

我是个反击型选手。我只根据现实采取行动。要我去想象孩子可以使用时社交媒体的发展情况，那是有难度的。因此，如果要我预设以后对孩子制订何种限制和规定——如果我会那样做的话，那也是不可能的。同时，我们夫妻俩花了很多时间向孩子阐述人生目标，他们一定明白我们的期望。我不能控制外面世界的发展轨迹，但教育子女的精髓是永远都不会改变的。我相信传统价值观，所以我会努力向孩子灌输好的基本功，比如礼貌和强烈的自尊心。不论我的儿女在网络还是现实世界和人交流、交往，这些品质对他们都有好处。如果我的儿女有一天开始发视频，我希望他们会对自己的皮肤满意，不去在意头发的样子，也不去管灯光是否合适。他们要展现自己的本色，并期待以此赢得大家的赞赏。

➡ 社交媒体时代如何养育子女？你对家长有什么建议？

家长们都讨厌我，因为他们觉得我正经营着一家社交媒体，这个东西会分散小孩的注意力、让小孩变笨。同时，他们之中有许多人在餐馆吃饭的时候，如果小孩哭闹或者不耐烦，他们只会马上扔一个 iPad 过去。各位，我不是症结所在。

我想要对家长们说，现在是教养孩子的黄金时代，因为社交网络工具让我们以前所未有的力度关注青少年的动向。恐惧技术，或者限制孩子接触技术设备，都不是帮助他们迎接未来的好办法。在这个庆典上，我想告诉家长们，请结束防守、采取攻势，新一代会通过这个方式得到许多机遇和新发现，为此振奋起来吧。

第十五课

"我也想奋斗，可拖延症到底有没有得救？"

比所有人早起，然后工作到深夜。

努力工作，直到用尽最后一秒钟时间。

勤奋，企业家的成败分水岭

没有人曾问过我这样的问题：是否有什么实实在在的事物，可以让人们改变生活方向？

勤奋。

每一个运动员，尤其是那些技巧性项目的运动员，都知道这么一个道理：一个天赋稍逊的选手，如果加倍勤奋的话，就会赶超天赋最高的选手。同理，成功企业家和尚未成功企业家之间的分水岭是勤奋，而不是天赋。我从没看见哪个人能提升自己的天赋，但我知道有人通过加倍勤奋改变了自己。当然，如果你的遗传基因中生来就有一定的勤奋因子，你就拥有一个非常了不起的优势。不过，勤奋最大的好处是，如果你没有这种品质，是可以去培养的。这是最实在、最容易培养的企业家品质，因为你可以完全掌控它。如果你缺乏足够的自我认知，你或许就要找一个坦诚的人，让他帮助你认识自己的能力和缺点。我甚至不确定是否有办法提升一个人的悟性。但如果你愿意努力，便只需多花时间做一些达成目标需要的事。你只要比竞争对手更努力就好了，而且要每天付诸行动。这就像办公室健美操，人们可以直接在工作时段做起来，并享受成果。勤奋不一定保证你能成功，许多勤奋的人都没成功。但是，它能保证你不错过"应该""可以""可能"做的事，从而免受心理折磨。因为你知道自己已经把心、灵魂和汗水都交付出去了。

我有自知之明，知道自己虽然天赋优秀，但是成功却主要源于我的工作理念——勤奋。我要比任何人都做更多工作。你呢？你可能很出色，可以提供优质的内容，但如果你缺乏挥洒汗水的热情和信念，有人就会比你创造更多机会、赚更多钱。但别让这种事成为现实。把《部落战争》游戏给扔了。明年也不要看《权力的游戏》和《行尸走肉》了。去工作吧。

如何定义勤奋呢？

就是以最大的精力投入你热爱的事业。

就是把每天的最后一点价值榨出来。

就是全力以赴争取未来的目标。

就是让每一分钟都有价值。每、一、分、钟。

　　我希望自己能够像初入职场那样勤奋。那时我二十六岁，所有人、我自己、整个社会、以及葡萄酒行业，都还没有认识到电子邮件的用处。我在晚上 7:30 或 8:30 下班，我们的葡萄酒店则在 9:00 关门。我还有时间用任天堂玩《垄断》。我和女朋友住在一所公寓里，我最好的朋友也和我们搭伙。那时我没有开会。我住在新泽西州，还没接触纽约的繁华纷扰。

　　从那时起，我就努力弥补浪费的时间。我清晰地认识到，做一个商人比运动员好得多，因为商人的黄金时期很长。如今我可以整天忙碌，因为情况允许。有些人抱怨说，这个世界居然存在这样高的工作强度，但每一个名副其实的企业家都因为技术和互联网带来的便利而感激得要命。有了这些便利，我们才可以在别人发呆的时候保持勤奋。对有些人而言，超过其他姑娘小伙的奋斗意愿，是他们最大的竞争优势。

　　很多新手创业者对我说他们在努力，却又问我是否喜欢《球员》的最新一集。他们正要让一家公司起步，却有时间看电视吗？这就像一方面想减肥，另一方面又偷偷跑去吞一个巨无霸。这样是行不通的。我工作二十年了，手里有两家公司，我唯一看的电视节目就是纽约喷射机队的比赛。我的每一天都是如此忙碌，我工作的时候，我甚至没有多余的一秒钟时间去"逛荡"或者搭理周围的人。对于大部分人，这种生活并不理想，但我很喜欢，因为我可以达到我努力追求的目标。

　　你想让自己发布的内容多一点反馈吗？想提高收益吗？想获得品牌知名度？想成为有影响力的人？想提高销售额？不妨试试下面的方法：

　　扑向每一个机会。

　　创造出色的内容，并发布出去。

　　努力提高出镜率。

　　时刻关注新环境和新对话。

　　提升你对他人的价值。

　　商业拓展。

　　比所有人早起，然后工作到深夜。

　　努力工作，直到用尽最后一秒钟时间。

➡ 勤奋是可以教会的吗？

勤奋可以通过激励产生，我不知道教导是否也能达到同样效果。

每个人都有自己的工作理念，这影响了他的工作表现，最后也会决定他是否成功。但这并不表示不成功的人不具备强大的工作理念；一个人的生活会受到一些随机事件的影响，从而成为现在的样子。但是，当所有人都以某种基础理念作为工作的出发点，勤奋程度主要便取决于我们为谁工作。

如果你为自己打拼，要达到非常勤奋的程度真的不难，因为你的动力是表演自己的节目、做自己喜欢的事。如果你为其他人工作，领导激励你的方式便可能决定你的态度和努力程度。因为这个原因，我努力培养我员工的信任感和安全感（还有高标准的意识），这样我的员工才会全力以赴、完成任务。没人愿意让一个好领导失望。在一个以道德为基础的良好工作环境中，他们还会努力利用机会成长，并逐步升上更高的级别。

审视你的勤奋程度，并对之进行评估。问问自己，我已经付出最大努力了吗？我的工作出色吗？如果你为自己工作，答案却是否定的，你便需要多花时间，认真思考你开创的公司或者你的顾问型工作。它符合需求吗？你有没有发挥自己的长处？如果找一个搭档，你会不会更有动力、更有自信？如果是你为别人工作，觉得没有发挥出潜力，不妨考虑换个地方。如果想要成功，你身边的人要适合你。去找一个地方——能为你提供冒险动力的那种地方，找一些人——让你做出最好成绩的人。你的天赋固然重要，但也要保证工作环境中有成功的机会。

➡ 你是否亲自回复帖子、推特或短信，还是让员工代劳？

我发出的每一条推特信息，都是用自己的两根手指打出来的，这可能是我最感到骄傲的一件事。我在写作方面不能胡扯，所以找了一个专业作家帮忙完成我的书。斯蒂夫和英蒂亚平常会帮我润色博客帖子和文章，加上一些点缀，他们根据我在节目或采访中的言论进行修改，或者为了这件事向我问一些问题。但是，所有你读到的基础内容都是我的原创，如果我曾经在推特、

Instagram 或脸书和你交流过，那的确是我本人。

➡ 你是否一周工作七天？

在我和妻子刚开始恋爱的时候（我记得是第二次约会），我对她说，如果我过一段时间还没买下纽约喷射机队，我会更加努力地工作，会比现在还忙。我是幸运的，她终究和我结婚了。但请相信我，我从来没有把她的理解和接纳当成理所当然的事。现在，我基本上都是高高兴兴地从周一工作到周五，从早上六点到晚上十一点都排满了任务，但我周五晚上回家时，我便真的回家了。我在周末把一切放下，把时间交给妻子儿女。

这就是我在工作和家庭之间取得平衡的方法。我总是这样处理吗？不是的。丽琦和我一直讨论什么有效、什么无效，而且我心知肚明，随着孩子们日渐长大，我得早上五点便奔向学校，去观看诗歌朗诵会、棒球练习或是橄榄球练习（我最喜欢哪种，你懂的）。生活改变的时候，你得去适应。

我想，很多人有一个错误的假设，认为一旦你接受勤奋这个概念，就永远不能后退半步。这个定义就太狭隘了。勤奋意味着适应来临的商业机会、适应生活的改变。如果你的终极目标是家庭，那么围着家庭打转也没什么好羞愧的。这是在质量和数量之间权衡的问题，工作的时候要全力以赴，却没有必要一周工作七天。你不需要 365 天都在冲杀，你可以用 265 天真正的努力工作，剩余 100 天用来休息和恢复。勤奋并不仅仅意味着彻头彻尾地苦干——它同样意味着彻头彻尾的巧干。

此外，我休息的时候，伙计，我便真的休息了。如果我度假，我一点也不喜欢四处旅游——我只想安静地躺在沙滩上。因此，如果你在街上，或是某个社交场合偶然遇见我，请一定要过来打招呼，但如果你正好看见我闭着眼睛躺在沙滩上，就别打扰我了，我在休息呢。

➡ 你为什么能如此有效地避免拖延呢？

我太忙了，除了利用每一分钟尽可能多地做事，没有其他选择。如果我没有这么忙，我会成为一个严重的拖延症患者。对于有些人称之为拖延的这种状况，我倒是把它称为调整事务顺序。我早上打开邮箱的时候，昨天非常重要的事可能已经不那么重要了。我努力抓住最重要的事，这样便让我的助手发疯了。他根据我说的重要的事，制订出一份日程表，不过等我乘飞机结束一段三小时的旅程后，就会又发一份邮件给他，加上另外十五件要事，使他不得不完全变更原来的日程表。他显然已经明白了，如果我告诉他一件事"顶顶要紧"，就需要把它摆在所有事前面。

你可能会以为，我对事情都是半心半意，但是你错了。我是活在当下的，不管我现在把注意力放在什么事情上，我都忙得像裤子着火一样。如果你长年累月地把某件事当作"顶顶重要"的，你就能逐渐改变。

➡ 你是早起工作的那类人吗？

不是的。信不信由你，我很重视每晚睡足六七个小时，而且我睡得很沉。要把我唤醒要费很大的劲。这件事后面的背景挺复杂。自从开始合理锻炼和饮食后，我起床后精神改善了一些，但是过去有一段时间，如果有人闯进我家，拿小刀捅我的腿，再把所有家当偷走，我是什么都不知道的。

但问题是，我从来没真正弄明白早起的好处，也不懂为什么早上比其他时间段更宝贵。如果你早上完成了最重要的事，那很了不起。但有些人在凌晨三点工作状态最好，有的是傍晚五点或晚上十点。勤奋没有规定的时间，只要你确实在勤奋工作就好。

你不会想让自己筋疲力尽，崩溃或是发疯的。我们只需要在工作的时候全力以赴，在合适的时候去休息。你知道为什么要这样吗？因为你睡多少时间不要紧，要紧的是你醒着的时候做了什么。

➡ 你如何应对筋疲力尽的状态？

我很少想放弃努力、把头藏到保护罩里。我想上一次发生这样的状况，是在田纳西州针对"葡萄酒图书馆"的时候，我们的船运被限制，许多其他葡萄酒店铺却被允许进行船运。我们大约损失了四百万美元的营业额。我得知公司失利的那一天，下午六点就去睡觉了。

如果我觉得筋疲力尽，或者工作有压力，这就意味着我花了太多精力关注生意，却忽略了大局。因此，如果我发现自己开始陷入这种状态，我便想象母亲去世的感觉（我知道这想法很阴暗，但这是真的）。只要这么一下，我便又能从长远的角度看待整个世界，又能继续前进了。

因此，简单地说，我应对筋疲力尽的办法就是休息和重整旗鼓。

➡ 在饮食、睡眠和日常安排方面，你又上演了怎样的"勤奋攻势"节目？在不停努力工作的同时，你是怎样维持精力和脑力的？

我之所以可以这样勤奋工作，是因为我喜欢它。我喜欢一边噘嘴自拍，一边在早上六点赶去机场。我在节目上回答这个问题的那一天，我早上 5:15 起床打篮球，前一天则半夜才回到城里，我这么做是因为我喜欢。如果我哪天起床是为了去找我的教练马索尔·麦克锻炼，我可能就会相对暴躁些。爱好是无可比拟的动力。如果对锻炼乐此不疲，那便算掌握了很棒的健康秘诀了。

➡ 你说过，你关注我们这些节目粉丝，而且知道我们是否在努力工作。你是怎么做到的？通过回复、出现率，还是直觉？

记住我说的话，如果你说自己在努力工作，我便会访问你的 Instagram 或推特账号，看看你的工作情况。我会点击帖子。如果头像有"回复帖子浏览全部"的字样，我也会点击头像。我还会研究回复率。如果我看到你追加几条推特，就会有一条接一条的回复，我就会很高兴。接着我会点击账号的 URL 地址，看看你开展的是什么业务，并分析其状态和局势。我平时看到许多人在生意上呈出击态势，但收获的却不值一提，这让我发笑。然后我便会担心。他们的组合拳有用吗？是不是出击的太少了？他们的反应够积极吗？

这些事可能花掉我十分钟，这对我来说也是相当难得的。我花时间看了你的账号，就会有些邮件回复不了。但是我相信因果关系，我相信自己之所以能给你需要的答案，是因为我比你想象的更了解你。

→ **我们在客户的项目上花了许多时间，倾注了创造力，我们已经筋疲力尽了。我们什么时候应该改弦更张，集中注意力打造自己的品牌？你是怎么在两方面都应付自如的？**

你要更加努力、更有效率地工作。

工作更加努力是件容易的事。哪天你不再看《丑闻》了，瞧吧，你就有更多时间努力工作了。提高工作效率就需要巧妙一些。这个过程需要实践。你可以训练自己，每个小时比平时多做一点工作。你可能会午饭后再看邮件，可能会关掉手机，也可能利用闲暇时间工作。第一天你可能完成不了计划，但是要坚持挑战自我，你会达成目标的。这就像进行马拉松训练。你需要花时间，但实践一段时间以后，总有一天你会发现自己的成就比想象的还要高得多。

不要自己耍自己。大部分人都觉得每天工作整整八个小时，但几乎没有人真正做到。如果有人对我说他们匀不出时间，我会浏览他们的推特，看看是否果真如此。我通常都会发现他们在这里花十五分钟、那里又花十五分钟，有时看看 YouTube 视频，有时候又做个测试，而且天知道这测试是什么东西。你可能会想，那又怎么样？我们又不是机器。我们就不能轻松一会儿吗？当然可以。但别再抱怨事情做不完了。

在工作日，我连一秒钟的空闲时间也没有。在我的日程表上，我的团队每分钟都在战斗，甚至每秒钟都是。说到这件事，我们内部常常就是这么开玩笑的。

我以前觉得自己是有史以来最大的工作狂。在我 22 岁至 30 岁这段时间，我真以为自己全力以赴了。但是我并没有，因为我有足够的时间侃大山，和朋友讨论棒球。实际上我是有空闲时间的。后来我投入更多时间、更高效地工作，我的事业才开始迅猛发展。你们在这一章里看到我的大胆脾性，正是在我职业生涯的最初八年养成的。那时我对勤奋的理解，和我现在经营、投资并密切管控一家 150 多人的公司的感受，是不同的两码事。如果你善于创造时间，你就有时间。因此，这就是在你自己和客户的业务之间左右逢源的办法——努力工作，高效工作，把自己当机器使。

➡ 你怎么能一边宣称"家庭第一"，一边又每天工作十九个小时？你很少在家，又怎能当一个好爸爸、好丈夫呢？

我经常被问到类似的问题，我面对生活的方式，让我能做到两全其美。我做事都要做到极致。我工作的时候 100% 投入，在家时也是一样。我会参加幼儿园剧目表演和其他一些学校活动，因为这些对我孩子挺重要。我每年休假七周，大概比大部分人多出五周。我既不玩高尔夫，也没有任何需要周末出门的爱好。我有许多朋友，一边鼓动我参加各种活动，一边又说他们陪家人的时间比我多。其实我只是花了一些时间运动，而且我也想知道他们在家时究竟花了多少时间玩游戏、打电话，或者就是做自己的事情。因为，仅仅人在家里，并不代表"心"也在家里。

换句话说，我知道工作的每一分钟都很重要，同理家里的每一分钟也同样重要。随着孩子日渐长大，对我的需求越来越多，我的日程安排可能会改变。或许有朝一日，我必须要每晚在 5:30 之前回家。我承认，这对我可能是件难事，但我会克服的。在一天里，我的儿女有许多时间是不需要我陪伴的，那时我便可以把一堆破事儿解决了。

有些人把孩子当作事业的一部分，把孩子的生活传到博客上，把孩子的照片和经历当作一种创作博客的内容。对他们来说，这也没什么不好。我从不贸然地去教别人如何培养儿女。我们两夫妻都已经想好，孩子不能作为我事业的一部分，这就意味着我不能在家里谈论工作。但我很享受和家人在一起的时光，我的家人也显得十分开心。而我的底线是什么呢？就是努力呀！

➜ 我想多了解一些高效工作的办法。

开短会。不要无聊地瞎扯。不要害怕打破常规。不要抱着浪漫想法。不要停下来喘息。不要追求完美。

还有，不管你做什么，都要坚持不懈。然后把这些话再读几遍。

➜ 你曾经生病吗？如果是，你怎样带病坚持工作呢？

我这个老东西有时候会生病。但是，自从我十一年前和丽琦·维纳查克结婚，我记得只生过一次病。她让我学会洗手，这件事值得大声赞美一番。我想，对我这类人来说，洗手不只是一件事，而是一个意识问题。每年，我都要为这件事和自己斗争一百多次。你可能会觉得我要长臭虫了。但我没有。我想，这很大一部分要归功于大脑这个强大的器官，我专心地、坚决地不想生病，于是我就没生病。我已经开始合理锻炼和健康饮食了，这对我的身体也有好处，但这是不久前的事，所以我真心觉得，我是靠意念扛过了许多次感冒。

但是，我确实生过病。我会不会怕自己不在时公司出事，于是冒着传染所有同事的风险，拖着难受的身体去上班呢？绝对不会。而且，我也不希望其他任何人带病到公司来。当"加里传染你"（去推特搜索一下，真有这个节目）大举来袭的时候，我希望大家待在家里，好好照顾自己，并早日康复。在某些公司，生病休息倒真会被人诟病，就好像你性格懦弱，或者缺乏动力一样。（我必须承认，我刚工作的时候也是这么想的。）但带病上班并不能体现你的敬业，这是一种愚蠢的行为，而且有些令人不悦。这对你的同事或者你自己都不是好玩的事。

如果我的员工觉得自己奄奄一息了，我也不需要他们在家处理公务。你给他们打电话，他们却没法说清自己的意思，因为他们快把半边肺咳出来了。这样做对任何人有帮助吗？

工作的时候，就全力以赴。生病的时候，就顺其自然。你的身体正告诉你一些问题。听它的话。工作不会跑到哪里去的，你可以把失去的时间补回来。

你需要的是恢复身体，再度工作的时候，才可以战斗力爆满。

➡ 你所知的阻碍人前进的最大借口是什么？你有过怎样的借口，你是如何克服的？

哦，我的天哪，借口。如果你开口的时候说"我想……"，说到一半又变成"但是……"，你就是在找借口。或许你可以想到一些最常见的借口。或许你在生活中也会用到一两个："我那时没有钱。""我那时没机会。""我在糟糕的环境下长大。""那时没人指点我。"人们满口都是"但是"，所以大多数人过着相当平庸的生活。"但是"并不是一个适合谈论理想的词汇。如果你对于梦想严肃认真，就没有什么可以阻挡你。

我不是说成功的路上没有障碍。逆境、歧视、性别歧视，都是确实存在的。对于许多人来说，某些偏见、不公平和普通厄运的打击就足够把他们吓得止步不前了。但还有另外一部分人，人数相对较少的一部分人，面对这些考验的时候，会选择把它们置之脑后，无论如何都要努力前进。如果你起步时不如别人，或者落在别人后面，却有所成就，那就会成为一个巨大的优势，因为你永远也不会觉得什么东西是容易得到的。这个过程会催生出巨大的勇气和毅力。许多出身优越的人并不懂得勤奋，因为他们不需要。

永远不要让环境决定你的前途。你比环境更强大、更优秀。你一定能掌握自己的命运。利用你现有的资源，追求你缺乏的东西，让自己梦想成真。

我有什么样的"但是"呢？我想要买下纽约喷射机队，但是我喜欢爬山，又花许多时间考虑自己的遗产，所以我有时错过了一些实现梦想需要的钱。有一种"但是"，我是不会说出口的，那就是把责任归咎于维纳媒体公司的运作。我永远不会在这方面找借口。我乐意承担责任，因为我这样做以后，我们便可以一起努力找出解决方案，而不是无休止地争论责任人。不再说"但是"，你就会被迫继续前进。这样你前进的路上就没有其他障碍了。

➡ 如果你在美国以外的地方，还会像现在一样勤奋工作吗？

我想这个假设不能当真。在 21 世纪，企业家精神备受赞誉，受到大环境的支持。但是，如果你觉得你的祖国造就了你创业和奋斗的才能，或是埋没了这份才能，你会发疯的。你的邮政编码不能决定你是否成功。如果你身在美国，成功之路可能会艰难一些，但地球的每一个角落都不乏靠艰苦创业成功的机会。

➡ 加班加点工作不是一种老派的思想套路吗？为什么不通过被动收入（指无须工作便能获得的收入，比如房租等）积累财富呢？

为什么不来个双管齐下呢？我向创业初期的公司投资，现在这些公司的价值都比起步时翻了一百倍，我因此赚了很多钱。我什么也没做，而且有些年我的被动收入超过了工作的收入，但是我向你保证，这件事不像看起来那么简单。有些人努力创造一份基业，好让它自己产生收益，但在这些人中间，只有很小、很小一部分能够早早退休，一边从互联网捞钱，一边在沙滩上晃悠的。真正靠被动收入过奢侈生活的人数量极少，他们也曾经付出了大量的血汗，才争取到这份生活。

我想，世界上没有任何人，能够不努力工作便赢得巨大成功。当然，如果你只想赚六万美元，你可以工作得差不多就好。但是，那些躺在牙买加沙滩上抽烟的人，难道是凭空获得几百万美元的被动收入吗？我不相信世上有这样的人。如果你能找来一个，那么我也会找来一个拿这种生活方式引诱你、骗你钱财的人。

➡ 有没有哪个运动员，已故的或在世的都可以，能够体现你的拼搏精神？

韦恩·切尔贝特，他完全是一个从底层成长起来的运动员。1995 年，他加入纽约喷射机队的时候，只在一次练习中跑龙套，是外接手队的后备队员。当时他的父亲把他打球的一些场面用家用录像机记录下来，寄给喷射机队的总教练，仅仅因为这个，他就被录用了。喷射机队那几年境况不佳，所以教练来者不拒。大家本来对韦恩期待不高——他是一个矮小的白人，加入喷射机队之前，履历并不耀眼——他的号码则是从一位去年刚退役的队员那里继承下来的。他表现出无穷的毅力，顶着对他的批评，一次又一次地造成轰动。我对他怀有深深的敬意。

➡ 你如何在速度和工作耐心之间取得平衡？

我把这两者关联起来。你看，我经常提出相互矛盾的言论，但那是因为两者都正确。就好像这两件事：速度和工作非常重要。但耐心也一样重要。

许多人对自己雷厉风行、贪功躁进的特质感到骄傲。我把这些人看作自己的恶劣面。他们做什么都为了自己的利益。他们是索取者。我认为急躁和快速会导致错误，让人们匆忙得到结果，却没有赚到钱。你可以既迅速、又耐心，并取得成功。我对于漫长的职业生涯无比耐心，但我处理实际事务时却是敏捷干脆的。

毋庸置疑，这两种特征会形成矛盾，但就是这种矛盾生成了珍珠。

➡ 要怎样才能成为你的员工？

我每次听到这个问题就飘飘然，但回答起来就直言不讳了。

你首先要做点事情出来。

把你的价值表现给我看。戴维·洛克就是这样做的，当时他对我做了三次电话冷访，说服我拍摄了一部短片，它就是后来的《云与尘》。掘客网的凯文·罗斯想要对四方网投资，但他的 CEO 杰克·多西不允许，因此凯文制作了一部短片，介绍了四方网的产品，并提出他的见解。这部视频得到了超过十万的点击量，然后就引起了杰克的注意。杰克忽然感觉到，你猜猜怎么回事吧，他可以为凯文的投资创造一点空间。现在四方网价值几十亿美元，凯文收获甚丰，这一切都是因为他向杰克展示了自己能做的事。

你能做的是什么呢？

➡ 如果要创办一家精干的、本地化的、位于市区的社交类公司，你的首要建议是什么？这家企业还没发展起来。

我讨厌这个问题。我回答这个问题的唯一原因，是因为提问的人叽叽歪歪地说，如果我不回答，他就不吃饭。显然这个人很在意别人的反应。但我的答案带着鄙视色彩，估计不是他想要的。我的感觉是，他说的是真的吗？既然产品都还没开发出来，他担心营销有什么意思？问题是，我知道这样的人不止他一个。因此我只想说一句：算了吧。在你甚至不了解产品优点的情况下，你是不能恰当地开展营销的。你需要开发它、感觉它、尝试它、把它放在自然环境中、对它进行反向设计，然后才能确定它有用处、对消费者有价值。

此外，一旦你有了产品，就有数不胜数的方法让你去宣传你的本地公司——脸书、广告、推特、地理位置定位技术、移动广告、谷歌关键字广告——可以选择的方法五花八门。谁知道呢，或许你根本不需要采取这么多手段。如果酒香，终究是不怕巷子深的。而且，营销也帮不了差劲的产品、手机软件或服务。

➡ 对于资金有限的小公司的主人，你有什么建议？发布当地股、进行搜索引擎优化、撰写文案，还是利用社交媒体？

我对这个问题的喜爱程度类似于对上一个问题的讨厌程度。而我的答案就是：多做工作。不管你现在做什么，多花几个小时去努力工作吧。要想缩短你和一个出色竞争者之间的距离，这是最棒的方法。我保证，你的努力会超过歌利亚（西方传说中的巨人）。在我刚进我爸爸的公司"葡萄酒图书馆"工作时，我因为这件事和自己斗争过。当然，那时我没有现在的基础。没人对我们说半句废话。所以我出去街上来回跑，不管做什么生意，都需要和附近居民打交道、发传单、挨个发优惠券，这样才能提升存在感。然后，我们也打造优质的客户服务，保证人们一旦跨进我们的门，以后就总想着当回头客。

今天，一个刚创办的公司要怎样才能获得这样的存在感呢？这取决于你公司的性质。如果你的公司做电子商务，现在就能获得最好的投资回报率——如果是脸书广告，赢利就更是毋庸置疑了。而谷歌关键词广告也是一个有力的市场竞争者，它重新定义了这个行业的方向，因此也会对你产生很大的帮助。如果你是在提升一家商铺的销售额，不妨考虑"美国商户点评"网站或四方网的 Swarm 软件，对了，还有当地的电视台和广播。如果你跑去一家理发店，问他们是否让你把传单放在他们的窗户上，说不定你也会有收获，花掉的这一会儿时间就有价值。还可以进行电话冷访、人脉拓展、商务拓展，还可以和本地公司交换资源，参加商会活动。要有创造力！奋斗、行动、谈话、请朋友帮忙……这就是你的生活方式！

➡ 如果你才刚刚创业，会如何提升维纳媒体公司的知名度？

我的做法会和当时一模一样——我会闭上我的嘴。

如果你去谷歌搜索，就会发现关于我的内容全都是在"葡萄酒图书馆电视"创办之后出现的。在我职业生涯的最初八年，1998—2006 年，也就是从我 22 岁到 30 岁的八年，我没做什么让加里·维纳查克扬名立万的事。那么，当时我在做什么呢？

我在努力。我在学习、实践、提问、研究和实验。我在获取专业技能和经验，让自己不仅可以在葡萄酒行业，而且在整个商界都拥有权威地位。如今，我可以这么说，我在五年时间里建立了两个价值五千万美元的公司，并且表现出在企业早期投资和赚大钱的才能。不管你问我任何和葡萄酒、互联网有关的问题，我都能飞快地给出高明的答案。你不会觉得这些知识是一夜之间得来的吧？我曾经在壕沟里战斗，把生意当作生活的全部，为赢取加里·维纳查克的名声做了准备。我营造了这样的基础，让人们相信我是一个值得关注的人，甚至值得花钱让我在一些活动中致辞、买我的书。

许多人认为，只要跑到 YouTube 上混，即使没有什么真材实料可以展示，也可以闯出一份名声。这种人数量之多，让我目瞪口呆。想要成为一个名人，你需要有点真才实学。想要别人像对待专家一样追捧你吗？你做了什么，让别人愿意听你说？你有所成就吗？你是否在哪个方面证明过自己？没有吗？那便闭上嘴，去做事吧。

有人曾经和我辩论，说不用经过实践，也能在某个领域获得有价值的东西。比如，他们会指着从未踢过足球的足球教练，把他们作为证据，说即使不是好球员也可以当个好教练。对于这一点，我的意见是：果真如此吗？你研究过这些足球教练的背景吗？即使忽略教练和球员是全然不同的技术体系这个事实，也没有哪个足球教练在二十三岁的时候便横空出世，在美国国家美式足球联盟赛赢得冠军的。他们从七岁起就当球童。他们是教练的儿子和女儿。他们一辈子都在这项运动中生活和呼吸。

千万不要以为你靠社交媒体和现代技术，便能赢得专业技能和名声。诚实的苦干是无法取代的。你需要实践并取得一些成绩，然后才能享受成为名人的荣耀。

➡ 如果你有一个赢利数十亿美元的潜在商业计划，却既没有资金来源，也没有资金储备，你会从哪里开始筹措资金？

我觉得不该去筹措资金。无论如何，这时候不该这么做。你知道为什么吗？因为如果没有实践，所谓的想法就是垃圾。

你知道我收到了多少这样的信，写信的人说他们有一个赢利数十亿美元的想法？每个人都有想法。见鬼了，我的想法还是无穷无尽的呢。

有些人会根据一个想法，便投资创办一个企业。这种情况是有的。但总体而言，那些想法没有任何成效，因为它们仅仅是想法而已。正因为这个原因，许多技术领域的公司刚创办就倒闭了，而且我肯定在你读到这本书之前，已经有更多创办于2010—2014年的技术公司准备关门歇业了。热情很了不起，创意也令人敬佩，但是比起这些现行的商界价值观，可行性更加重要。你需要进行实践，然后才好去找人寻求资金支持。我们看到的所有企业家，起初都是这么做的。他们不会仅仅因为有好想法便沾沾自喜。他们一开始便努力工作，实现他们的想法。他们让这个想法在现实中发挥了他们设想的作用。

第十六课

感恩之心给我带来了一切

你应该以五体投地的姿态感谢你的每一位客户，因为他们把来之不易的钱花在了你身上。

感恩之心给我带来了一切

经常有人问我，我的能量来源是什么，80%情况下我会回答"感恩之心"。我在生活中有很大的痛苦，因为我的祖父母、外祖父母中有三位在我懂事之前就过世了，但我对这种痛苦表示感谢。我有世界上最好的母亲和妻子，有一个教导我不要满嘴脏话的父亲，还有许多爱着的人，我同样对此心怀感激。

我不觉得自己能够教你如何提升感恩之心，但我觉得，如果这种情感是可以培养的，你现在应该知道怎么做了。感恩之心是我应对日常生活的武器。企业家或总裁都是相当孤独的职业，孤独得令人吃惊。人们并不常谈起这个问题（尽管有一次科技界发生了一连串自杀事件，在那之后的一段时间，人们确实谈论得多了一些）。作为公司的领导，你是防线中的最后一人。你对所有事情都负有全责。你不仅要对自己、家人、爱着的人负责任，还要对其他一些人负责任，当你意识到这一点的时候，会觉得生活大不相同了。当我还是个年轻人的时候，我要为150名员工把"葡萄酒图书馆"经营好，我感到了这份义务的分量沉沉压在肩上。如今维纳媒体公司有近600名员工，这份义务的分量就更重了。竞争对手试图击败我、让我关门歇业，我要和他们较量，我还要处理一些无法控制的变数，比如华尔街和地缘政治，在这种情况下，要把这种义务放在第一位，会感到"压力山大"，即使没有错失重大交易或公司倒闭之类的商场祸事，压力也丝毫不减。

正因为有了感恩之心，我才能渡过经商生涯中最困难的时刻（是的，虽然谈得不多，但我经历过这样的时刻）。不管让竞争对手抢走了买卖，或是损失了一个出色的员工，还是某个州改变了船运法律，不让我到当地销售，因而让我损失了几百万美元的收入（最差劲了，田纳西州！），我总是先感恩。因为我意识到这么一点：即使我以前投资了优步，而伍迪·约翰逊（纽约喷射机队的老板）也觉得时机已成熟，让我买下了纽约喷射机队，但如果我爱的某个人生病或过世了，一切就完全没有意义。我曾经用最漫长的时间应对最棘手的难题，感谢上帝，那些时候我总能抱着超脱的态度，提醒自己已经拥有了许多珍贵的东西。一旦我这么想，就不会再抱怨，也不会变得太消沉。

有了感恩之心，我的生活才是现在的样子，而它也是形成我经商之道的一个核心因素。当人们从百忙之中抽出几分钟看我的节目、浏览我的博客或书籍时，我从来没有觉得理所当然。我花了许多时间，尽可能频繁地上网感谢我的粉丝、追随者和客户。但更多的品牌和公司并不把这当作自己的义务，这让我难以理解。消费者并不像是受限于他们的居住社区或居住城市以至于找不到需求或想要的对象——整个世界都在他们的指尖之上呢。对我而言，如今竞争无处不在，你应该以五体投地的姿态感谢你的每一位客户，因为他们把来之不易的钱花在了你身上。

➡ 你觉得营销还会向一对一的方向发展吗？

这种趋势比以前更加明显了。知道为什么吗？虽然有种种证据表明，如今企业认真地倾听消费者声音，但许多品牌仍然抓不住重点。他们就像派对上的某些人，你和他们的交流没法切中要害，因为他们对你的言辞并不真感兴趣。在这种情况下，你会坚持多久，然后才找借口抽身离开？社交平台上的情况也如出一辙，只是消费者连借口都不用找。他们觉得受够了，就会说拜拜。他们会离你而去，会继续游逛，而且不会再回来。

一对一营销比较花时间，但回报很大，因为实际上会这样操作的企业少之又少。我终于明白，正因为这样，我才常常取得出人意料的成绩，而不是一些随大流的结果。当你在倾听，而别人没做到，你看起来就会像一个明星。我有时会发送推特视频或 Instagram 信息给别人，感谢他们对我的关注，他们对这个反馈的重视程度，一直出乎我的意料。我发送的每一个推特视频，几乎都被点赞或转发了。他们为什么这么高兴呢？因为其他人没有这样做嘛！但是，你能做到这一点，而且应该做到。如果你从一天中抽出一点点时间向人们致意，他们会喜欢的。这相当于一份书写精美的感谢笺，只是花的时间更少，而且不需要辗转两天才到达收信人手里。

通过表达感恩之情，你会获得终身受用的财富——"实时价值"。当你还很弱小、并且还在攀登的时候，感恩有时就是你能够拿出的唯一东西。因此，请花时间表达对客户的慷慨和感恩之心，不管他们是为你花过时间，还是关注过你。最后，你会看到他们以口碑推荐、销售量和财富等方式，对这份感恩之心加以回报。

➡ 如果想利用社交平台宣传非营利组织，而且这些组织不售卖产品，只推广经验和文化，你有什么建议吗？

最想合理利用社交媒体的组织，就是慈善组织和非政府组织。

对我而言，最大的问题是他们待人接物的方式。许多有相当规模客户群的公司，包括我自己的公司，每天都会遇到慈善组织找上门，向我们要捐款，或者要我们发布推特或帖子来分享他们的内容。你猜实际情况怎么样？他们上门的时候，连招呼都很少打。

你们能对姑娘温柔点吗？

慈善组织在寻求帮助、筹集钱款时，态度是无礼和理所当然的，这显露出他们的基本问题：他们忘了我们生活在"感恩经济"的环境之中。（是的，这是一则插播的书籍广告。）大部分非营利组织在向我索要金钱，或者要求借用我的影响力时，都觉得我有义务配合，只因为他们的工作有良好的出发点。但是，当我的时间不够充裕时，我只会关注那些努力和我打好关系的组织，而不是那些伸着手靠近的组织。我想，这个规律也适用于所有慈善组织以外的人。许多慈善组织都觉得，只要拿出一些催人泪下的照片，就足够打动别人、让人提供支持了。但事实是，让人不得不伸出援手的，从来就不是照片，而是照片所反映的更动人的故事，他们却忽略了这个事实。

对于非政府机构和慈善组织来说，如果想在社交媒体取得成功，就必须仿照赢利公司的办法——努力工作、倾听客户声音、建立对话、解决问题、营造关系，并进行自我推销。（说到成功运用这种策略的组织，"慈善之水"就是一个很好的案例。它不仅仅是一个优秀的组织，还是执行社交平台策略的佼佼者。）然后，他们得像所有的企业一样表达感恩之心，即使有些组织的成员不愿透露姓名，也要设法做到这一点。一个非营利机构想要拍摄一部短片或者编制其他宣传性内容，以此表达对支持者的感谢，是非常容易的。

如果有些组织能努力表达感恩之情，而不是提出要求，就能破译社交平台的成功密码。

第十七课

认识你自己！这一章你每年都会想再看一遍！

现在，人们低估了自我认知的价值，但我知道，等到我五十多岁、六十多岁、七十多岁的时候，它会成为人们生活中的一个主题。在这本书里，如果你想对哪一章内容再读一遍的话，我请你就选择这一章吧。

为什么这是最重要的一章

这一章对我有极大的意义，因为我觉得人们对自我认知的关注不够。但是，在我的职业生涯中，如果说有一种品质能帮助我胜出的话……没错，在这本书里，我已经谈论过勤奋、感恩、以及各种各样其他的品质，对吧？不管那种帮助我的品质是什么，自我认知都算是另外一种对我真正有用的品质。如果我能构建出一个由感恩、理解和自我认知构建的方程式，并且向别人出售，它将会成为一桩价值数十亿美元的生意，而且会像椰子水一样广受欢迎。

我之所以敢发表奇谈怪论、说些夸张的话，自我认知是一个重要的原因。我知道人们是怎么看待我的，而且也知道我身上有些特质吸引了一部分人，同时也会赶跑另一部分人，让他们对我敬而远之。对这种情况，我觉得没什么问题，因为我觉得自己表现出本色的时候，能够帮助更多人、并更好地让人理解我的观点。

作为一个企业家，如果你知道别人对你的看法，便具备了一个优势。以销售为例，你可以为特定环境预设基调，预测别人会如何反应，从而做好准备，好应对他们的问题和关切。你甚至可以在他们想好如何表达之前便做好应对准备。在你的沟通技能列表中，这真是一项宝贵的技能，而且我也在别人身上寻找这种能力，并羡慕具有这种能力的人。

现在，人们低估了自我认知的价值，但我知道，等到我五十多岁、六十多岁、七十多岁的时候，它会成为人们生活中的一个主题。在这本书里，如果你想对哪一章内容再读一遍的话，我请你就选择这一章吧。

➡ 你这一生中，有没有做过什么最重大的决定，所以才造就了现在的成功？

那个重大决定诞生在我决定放弃学校学业的那一天。

那是在我四年级的时候，在穆尔纳先生的理工课上。我在理工考试中得了一个 F。更糟糕的是，我得把考卷拿去给妈妈签字。为了逃避惩罚，我把它藏在床下，它在那儿躺了两天，直到我的良知占了上风，我才把它拿给妈妈看。但是，在那一刻之前，我都像活在地狱里一样。我清楚地记得，当时我坐在自己的小卧室里，一边哭，一边想我自己怎么会对这次考试有这么强烈的反应。后来，一个想法出现在我脑海中，改变了一切：

"让学校见鬼去吧。我就是个商人。"

我做出了清醒的决定，在成绩报告单每年四次出现时、在多如牛毛的日常测试中不及格时，我都要咽下那些苦楚。如果大家都觉得我是一个"输家"、是一个不会有出息的孩子，那谁又会在乎我做什么呢？我懂的比他们更多。我看到了一些不一样的东西。即使在那么小的时候，我也有足够的自知，能够认识到自己与生俱来的天赋。

但我并没有对学业不在乎。我从不缺课。我对所有的老师都很尊敬。我只是下定决心去磨炼那些会让我快乐和满足的能力，从而让自己过得更好。我学着去卖棒球卡，接着变成了卖葡萄酒，后来又去经营"葡萄酒图书馆"的网站、维纳媒体公司和做一些其他的事情，这一切都让我无比的自豪。

那一刻，我第一次决定和社会对我的期待做斗争，并且去做自己喜欢的事。而你也应该这样做。在这个过程中，我们行为的底线是：不要再做让你不快乐的事。在我的第一本书出版之前，我已经宣扬这个理念很长时间了，而在那之后，我继续这样做。当然，每季度都收到那些成绩单，让我感觉糟透了，但是有些时候，你要承受一千次打击，才能盼来一些好事。并不是每个人都能了解你做的事，而且你做得越多，就越可能遭遇失望，甚至会让身边的人失望。但是，别让这些给忽悠了。一次失败的案例可能会成为一个巨大的机遇。

请用心去做。请学会认识自我。一次测试的 F 让我奋发图强。而那些数不清的成绩单让我勇往直前。如果能够重来一次，我也会选择在这些考试中统统不及格的。

➡ 有没有什么简单的方法来提升自我认知？

有一个办法，就是请别人直截了当地说明你的优点和缺点。你应该去找最了解自己的人和合作最多的人，从中挑选五到十二个人来说明这些。当然，你还要营造一个稳妥的环境，让他们可以畅所欲言。如果别人觉得他们以后会因此吃亏，或者这些人太爱你了，他们便不会说实话。而且，他们可能会说些你不爱听的话和你不赞同的观点，你要为此做好准备。因此，你要收集方方面面不同的意见。如果你听到足够多的人提出同一种意见，不管他们说你滥好人还是咄咄逼人，你可能最终就要采纳它。实际上，你应该拥抱那些说你一钱不值的人。请加倍努力经营好和他们的关系，因为他们会让你得到最大的改进。

请给自己罩上一副厚脸皮吧。我讨厌听到批评自己的话语，但我能处理好。我尊敬它、接受它、理解它，并且努力从中吸取教训。如果你积极地去获取别人的反馈，并且有足够的男子魄力或女子韧性去"吃掉"它，你便能在待人接物和经商之道中取得进步，并由此收获许多有价值的回报。

特德·鲁宾，一位演说家和社交媒体策划师，曾经问过我这样一个问题：了解自己的优点和缺点固然很好，但我害怕会形成一个思维定式，总是规定自己能做什么、不能做什么。诗人罗伯特·布劳因说过："一个人应该去触碰能力之外的东西。"我希望人们去尝试很多、很多的东西。我不希望人们去告诉孩子们说，他们擅长做什么、不擅长做什么。要怎么把这个理念和你关于自我认知的观点融合在一起呢？

他是完全正确的：人们应该志存高远。在如今的市场中，我并没有发现什么问题会阻挠人们尝试头脑里蹦出来的想法。当然，在理想状态下，人们会把自我意识和健康的自信心融合在一起。但是我认为，我们的文化环境促使我们相信：只要着手去做，便能有所作为。在美国市场中尤其如此。

如今的父母会对小小的史蒂芬说："你可以做到任何想做的事！"等到史蒂芬在篮球场遭遇了失败，他们才不再说这样的话。对于立志成为歌手或工程师的孩子——或者是企业家，他们也是这样说。但是，你并不是总能心想事成。在我看来，多提醒人们去评估自己的优缺点并不是坏事，因为认识到自己缺点的人还不够多。

愿意在这方面进行对话的人不多，所以我觉得，如果我比正常情况下更卖劲地提倡这个做法、并且不回避特德的有力观点，也没有什么不对。这并不是因为我有什么目标或价值观，而是因为99%的市场环境都已经在鼓励自信了，而且自信被严重高估了，所以我不必再去提倡。电视宣传不需要我的推动。但自我认知需要我的推动。

人们没有认识到的是，想要逼迫自己有自知之明，需要喝下海量的谦虚牌"酷爱"（译者注："酷爱"是美国的一种饮料）。市场曾经向我猛烈灌输谦逊的理念，并且平衡了我的自我价值和自尊心。大家觉得我比较自我，我知道这是为什么，但是在这之前相当长的一段时间内，我一直在学习远离自己的弱项，只讨论自己比大部分人更擅长的东西，因此人们看到的是我学习的效果。每一件事都应该处于平衡的状态。因此，如今市场强烈地倾向"一切都棒极了！"的思想，我觉得是时候提醒某些人，让他们明白自己糟透了。

那么，以下就是我的提示。如果你做得糟透了，却喜欢自己做得一塌糊涂的那些事，便去做吧！如果你热爱歌唱胜过呼吸，便投身到歌手生涯中去。我只希望你在投身其中的时候，能够充分认识到这一点：你有可能终其一生都等不到表现的机会。如果你一开始就心知肚明，日后便不会感到失望。我对 FOMO 也没有免疫力（译者注：FOMO 是美国著名的社交平台），但我知道为了自己的事业，必须放弃 FOMO 的很多乐趣和休闲时光。为了做自己喜欢的事，你总是要付出一定代价的。这就是生活。

➡ 如果想建立一家服务消费者的公司，在这个过程中，创业者们犯下的最普遍的错误是什么？

在这个过程中，会有许多该死的错误，但最严重的错误是创业者自欺欺人，严重夸大了自己的才能和重要性。

没有人会早上醒来就说"今天我要当一名 NBA 球星"。但是，现在每个人——不管是渴求进步的年轻人，还是渴求进步的老年人——都会一时兴起，便觉得自己可以成为消费性产品的革新者、创业公司的创始人，或者和别人合伙创办创业公司。在我看来，这种大咧咧的做派如同儿戏，令人惊诧不已。要开发一款消费者应用，并创造出让别人在乎的、有吸引力的东西，是有难度的，而人们往往低估了这种难度。要做到这些，需要特殊的才能，但在职场新人、创业人士和意气风发的奋斗者看来，他们是能够理解消费者行为的，而且会比别人更能搔到消费性产品的痒处。他们的问题在哪里呢？就是没有自知之明，不明白自己的能力不足以做到这些。

尽管如此，如果你能承担风险，也可以勇往直前去尝试，就像我对别人说的一样，如果洛杉矶湖人队允许的话，就去参加他们的选拔吧。

➡ 如果想要向一个潜在客户展现自己的咨询业务，你有什么诀窍吗？用 Powerpoint 怎么样？或者是视频？

我怎么知道？你擅长制作 Powerpoint 吗？你制作视频的本事高人一等吗？或者说，你是走进别人公司便谈成生意的那种人？如果你没有足够的自我认知，不能找出自己的长项，那也可以问问你的商业搭档或员工。而我对你了解不深，因此不能回答这个问题。对我有效的方法未必对你有效。请审视自身（或者请别人说说他们对你的看法）。这个问题的答案取决于你天生具有什么能力，或者你通过努力掌握了哪些技能。你们中有许多人在许多方面都比我强，我因此郁闷得都要呕吐了。你有许多的方法可以去展现。只要找一种能够体现你魅力的方法就好了。

➡ 在充分发挥作用的情况下，幽默在商界能扮演什么角色？

它是有作用的，而且发挥的作用和它在生活中方方面面发挥的一样——缓和紧张、润滑关系、让人们感觉更好。比起一根泥巴里的木桩，难道你不会更愿意和一个逗趣的人合作生意吗？而幽默是一种最有吸引力的个人特质，而且可能是最稀有的一种。还记得罗宾·威廉斯（译者注：美国著名喜剧演员）逝世的时候，人们那种汹涌的悲伤之情吗？有些人能够利用幽默，以一种我们从未在意的方式表现这个世界，这种人是与众不同的。平时，我就利用一种脱胎于脱口秀的幽默来表达自己的观点，因为我觉得这样人们更容易记住（也更喜欢）我的话。我也利用这种幽默来处理棘手的人事问题、并且向客户推销产品。

虽然幽默感对人有吸引力，但是，它并不比和其他吸引人的特质更重要：比如关怀、理解、自我认知、友善和美丽。但是，如果你知道自己有这份资质，不妨就利用起来吧。

➡ 我自信不足，我该如何避免这种心态阻碍我成功？

自尊心是我们这个社会的终极解药。当你拥有它的时候，便有勇气去追逐远大理想，而在追逐理想的过程中，你会忽略小节，也不会被忧虑打败。你可能觉得我肩上责任重大，所以应该诸多忧虑，但我却是我认识的所有人之中最少忧虑的。这就是因为我有强烈的自尊心（谢谢您，妈妈，您真的很了不起）。我百分百相信自己能克服一切困难。

对于因自信心不足而纠结的人，我希望自己能为他们喝彩，告诉他们"你可以的！"，因为没有自信便不能达到自己的目标。但是，如果你有足够的自知之明，知道自己缺乏自信，你便一定能想办法提升自信。你需要进行研究、努力思考，看看自己能采取什么办法。不妨去找一个心理治疗师，在其帮助下消除那些影响自信的因素，许多人或许都可以通过这个方法解决问题。退一万步讲，也要去和一些积极自信的人相处。要像一个渴望吸一口烟的瘾君子一样，无论如何都要找到自信。

➡ **有些小公司在某些领域并不擅长，却不肯接受这个事实，一定要亲力亲为，结果导致了失败。如果想让别人对某些事情收手，你觉得应该怎么做？**

当你的水平只是 F 等，却需要一个 A 等的成果，显而易见，这时你需要找人代劳。而你的水平是 B 等时，要认识到这一点，难度便大得多了。在这里，不妨给你一个提示：如果你努力、努力、再努力，却不能百尺竿头更进一步，便可以考虑聘用一个能力为 A 等的人了。你可以把花在这番努力上的精力投入自己擅长的领域，从而取得进步，所以之前浪费精力是没有意义的。现在，让我们假设你雇用了一个觉得自己拥有 A 等能力的人，或者说，至少是一个有足够实践经验、觉得自己将要拥有 A 等能力的人，但是一段时间之后，大家发现他显然没有这份能力，而且接下去也不会发展出这份能力。到时候，你会只让这个人干瞪眼吗？我想不会的。我认为自己会敦促他，而且会没完没了地敦促他。我会上推特向这个人的账户发送信息，告诉他或她怎样才能做得更好。我会很有礼貌，并努力向其提供有价值的东西。

➜ 要成为一个成功的企业家，是否一定需要外向的性格？

这一点已经不那么重要了。

不相信我说的话吗？不妨想想那些人们津津乐道的成功企业家吧。扎克伯格、伊万·威廉斯、凯文·斯特罗姆、大卫·卡普。如果你对这些名字不熟悉，那也该知道这些企业吧：脸书、推特、Tumblr、品趣志、Instagram。现在有点印象了吧？虽然我不太肯定他们是否都性格内向，但是我肯定，他们不是当今网络标准中的那种外向的、喜欢自我推销的人。

从前，我们获取人脉的途径大多是社交活动或会议。在这种环境下，年轻企业家一定要性格外向，从而把自己融入人群中。如果他们做不到，往往便要找一个外向的人来合作。但是，科技改变了游戏规则，如今你不必通过面对面的方式给人留下第一印象。

你可以通过网上交流和展示塑造自己的形象。当面交流仍然很重要，但还有其他许多方法去创办企业、和人沟通、在商界营造人际网络，而且你使用这些方法的时候，都不需要离开办公桌。对于内敛型企业家来说，这是一个黄金时代。

当然，像我一样的外向型企业家依然拥有广阔的空间。我因此谢天谢地，因为我永远不可能尝试去掩盖自己的本性。我很擅长在网络上原汁原味地展现自我，但我更了解自己的优势，我知道当我和别人见面、面对面地发挥我的能力时，我能获得十倍的收获。

因此内敛型的企业家并不需要戴上面具。请把赌注压在自己的优势上。如果你喜欢整天坐在办公桌前专心工作，而且这个方法有效果，那便照这样去做吧。千万不要误以为自己需要说话更大声、为人更活跃，或是假装得更加强势。这是一个有利于你们创业的好时代。球正在你们的球场上，社交媒体和科学技术正把整个游戏引向对你们有利的方向。

➜ 我喜欢取悦别人，怎样才能克服这个缺点？

你为什么要去克服呢？

长期以来，社会都在熏陶我们，把取悦他人当作一个缺点，而且告诉我们这会让人变得软弱。但这不是缺点，这是一种优点。我知道，我的整个世界就是以此为基础建立的。

乐于付出有什么错呢？态度积极又有什么问题？想要身边的每个人都感到快乐，不也挺好吗？人们喜欢把这些当作缺点，这让我大跌眼镜，尤其是我亲身见证了在创办公司的过程中，这些行为能带来多大的利益时，我更是觉得难以理解。只有在你不明白怎样获取回报，或是你仅仅为了获取回报时，取悦他人才算是一种缺点。

你可以根据自己的意愿，不断地付出、付出、付出，但如果你没有更进一步要求回报，你就不会取得成功。当你给了别人他们需要的东西，或是让别人梦想成真，从某种意义上说，他们就亏欠了你。当时机来临的时候，他们会因为感激而非常乐意为你效劳。但你要提出要求。如果你不懂得更进一步索取需要的东西，你就会一无所获——不管你需要的是一笔买卖、一个人脉关系、还是一次推荐，情况都是如此。

乐于让别人感觉高兴，这是一种很棒的特质。但不要忘了为自己谋求利益。

➡ 你在公众面前建立自己的品牌时，表现得非常有个性。那么，个性化到了何种程度，会让人觉得过分呢？你觉得临界点在哪里？

你可以根据自己的判断来定义临界点。我之所以喜欢展现个性，是因为我觉得这会让别人更亲近我，这样不仅有助于我建立品牌，而且让我更了解粉丝。我喜欢制作"听听加里怎么说"的节目，其中一个原因也是因为可以展现个性。但我也有原则。我乐意在洗手间张贴自己的照片，但我不会分享儿女的照片和任何信息。有些人对公众赤裸相见；而另有些人却连腰带上的扣子都藏起来。你可以照自己的感觉去做。此外，请记住你永远都有改弦更张的权利。上周看来过分的事，明天可能就不妨事了，反之亦然。

➡ 做生意的时候，你觉得智商和情商哪个更重要？

毫无疑问，这两者都颇为重要。我知道自己智商一般，但情商出类拔萃，因此我充分利用了情商。这是我成功的基石，我也因此得以对赋予我影响力的粉丝做出回馈。利用情商，我还迅速建立了不少人脉关系，这些关系在我工作的领域算是一个不小的优势。我听说许多人想效仿我，因为我的方法看上去有趣而高调，但如果你只学到表面，它对你也不会有效果。你需要有自己的一套办法。有许多人喜欢的是数据、数学和技术，而且利用自己的智商高高兴兴地赚了许多钱（如果我的数学能力和 AJ 一样强就好了！我俩之间的差距不止一点点呢。）。

不管你是全靠智商、全靠情商，或者像大多数人一样，在两者之间拥有一个不错的平衡，重要的是对你的天赋有充分的认识，并能够由此谋求利益。

➡ 在你的职业生涯中，最艰辛的经历是什么？

以前，我的答案肯定是：离开"葡萄酒图书馆"、创办维纳媒体公司。但我的艰辛经历并不止这样。

老实说，我在职业生涯中做过的最难的事，就是决定自己是否应该投入某个领域。许多人恐怕都不记得了，当媒体开始对我进行报道，最初十到十五次头版标题的大意几乎都是"葡萄酒业天才少年创办公司"。突然之间，那些我非常崇拜的大媒体，比如《纽约时报》和《华尔街时报》，都对我表示了敬意。这种感觉棒极了。

但不久之后，我意识到一点：如果我想扩大自己的影响力范围，获得更多客户，就必须采取特定的方法。而且我很肯定这个方法会有成效。毫无疑问，一旦我让人们不仅仅接受我关于葡萄酒的想法，而且还接受我的思维模式、我的公司，并且效仿我的沟通方式，人们就不会再把我当作一个杰出的企业经营者——一个通过认清潮流、驾驭潮流而获得巨额利润的人——而会把我说成一个"自我推销者"、一位"社交媒体大师"和一位"作家"。

在那些媒体机构和我仰慕的人眼里，我算是倒退了一步（或者两步、三步）。因为我进行自我推销，那些"权威机构"瞧不起我，送了我许多白眼，似乎我的做法会破坏我当时取得的成绩似的。我的选择会让一些人否定我和我的成绩，要接受这一点并非易事。实际上，我现在仍然为此感到纠结，因为我像所有人一样，喜欢被人尊敬，尤其是工作那么卖力的情况下。但是，我又以一种奇怪的心态，对人们因为偏见而低估我而感到高兴。因为从企业家精神的角度来看，真金不怕火炼。如果有朝一日，我成功经营了好几个价值几亿美元的公司，并且进行了成功的投资，那就全是我的"净能力"的表现了。你可能不喜欢我衣着随便、公开骂街、自吹自擂，但如果我成功了，你就得"接受"这些。

那时，我认识到要舍弃权威机构和人士的尊敬，从而提升自己的成绩、轻松活出自己的本色。一旦接受了这个事实，我便继续前进、去争取今天拥有的一切了。